教育部人文社会科学研究项目"语用学视角下的聋人手语研究"资助

项目批准号：14YJC740058

U0587344

ESHIJIAOXIADE
HOUYUYANJIU

用学视角下的

人手语研究

江西人民出版社
Jiangxi People's Publishing House

全国百佳图书出版单位

图书在版编目（CIP）数据

语用学视角下的聋人手语研究 / 刘永萍著. -- 南昌：
江西人民出版社, 2019.12
ISBN 978-7-210-12018-6

Ⅰ. ①语… Ⅱ. ①刘… Ⅲ. ①手势语—研究—中
国 Ⅳ. ①H126.3

中国版本图书馆CIP数据核字（2020）第008480号

语用学视角下的聋人手语研究
刘永萍　著
责任编辑：涂如兰
书籍设计：郭　阳
出　　版：江西人民出版社
发　　行：各地新华书店
地　　址：江西省南昌市三经路47号附1号
编辑部电话：0791-86898965
发行部电话：0791-86898815
邮　　编：330006
网　　址：www.jxpph.com
E-mail：jxpph@tom.com
2019年12月第1版　2019年12月第1次印刷
开　　本：787mm×1092mm　1/16
印　　张：13.25
字　　数：180千字
ISBN 978-7-210-12018-6
定　　价：28.00元
承印厂：江西茂源艺术印刷有限公司
赣版权登字—01—2019—815

序

语言学是以人类语言作为研究对象的学科。此处的"人类语言",起初只是指有声语言,后来,手语也加了进来。一是因为聋教育的发展,受教育的对象是聋人,他们无法说话时,手语便应运而生。二是因为手语的语言学资格逐渐得到学界的公认。尤其是近些年,语言学家对手语也产生了兴趣,这使得手语语言学便顺势快速发展起来。

这里,有一个有趣的现象是,凡是对手语投入研究的人,多半是接触过聋人的人,几乎没有完全依靠书本来研究手语的人。摆在我们面前的这本《语用学视角下的聋人手语研究》就是一位深入聋人群体大量搜集聋人手语语例的潜心研究者完成的专著。

对手语进行研究,可以选择不同的视角,而本书作者选择了语用学视角。在我看来,从语用学视角对聋人手语进行研究,是一项很有意义的工作。一是因为它的实用性,二是因为它的新颖性。

在语言学词典上,"语用学"是英语词 Pragmatics 的汉译,该单词另标注为"语言实用学",释义为"研究人怎样运用某种语言的符号去进行交际"。可见,语用学的首要任务是研究语言的交际功能及如何达到这种功能。

放眼全社会,有声语言是主流语言,为社会大多数人所使用。而另外有一小部分人失去了听觉,即聋人。聋人与聋人交流会使用他们的语言,即手语。但聋人的圈子不局限于聋人群体,他们也会与听人接触。此时,

1

两个群体间的交流就有一个选择何种语言为媒介的问题。除用笔写之外，还会采用手语。这是因为聋人用说话"表达"不易，听人"理解"聋人说的话也难。所以，手语是耳聋者与健听者之间适合采用的语言。可见，从语用学视角研究聋人手语是富有实用价值的。

其次，再来看它的新颖性。

在语言学类术语中，"语用"一词是并不太陌生的一个术语，但它的使用频次并不算高。一般人对它的含义理解也不十分透彻。从而对"语用"开展研究还是相当专业的。把它放到手语上，即对手语语用学进行研究，用夸张一点的口气说，可谓开荒锄禾；用平实的口气说，也算是填补了空白。作者也觉察到了这一点。诚如作者所说："从语用学视角进行聋人手语研究，国内外能够借鉴的研究成果鲜少。"当我接到作者邀请为本书作序时，心中跃起了两股触动。一是觉得新鲜，又有了一个学习的机会；二是觉得跨入这个领域，植苗新耕，难度会相当大。当打开本书的目录之后，一行行簇新的标题映入眼帘，如聋人手语预设研究，方觉得书作者是在朝研究型教师大步前行的专家。

此外，值得特别一提的是，在学术观点上，对手语的语言学地位，书作者站在了学术的前沿，把手语看作是一门独特的视觉语言。在研究方法上，邀请了数位优秀聋人参与拍摄和研讨，亲自深入聋人群体收集手语语例。这些都是手语研究中最重要的基本功。

诚然，作为如此新的一个研究领域，尚有需要丰富与完善之处亟待挖掘和剪枝修叶。我和许多读者一样，期待从语用学视角对手语开展研究的道路由林间小道建成康庄大道。

张宁生

（辽宁师范大学教授、博士生导师）

语用学视角下的聋人手语研究

自　序

2014年7月，我和我的研究团队获得教育部人文社会科学研究项目（项目编号：14YJC740058）资助，历时5年，形成这一研究成果。

从语用学视角进行聋人手语研究，我最初的灵感来自于2002年在江西师范大学读硕士时，导师雷良启的课程"语用学概论"。那时，在我国，聋人手语还较普遍地被认为是"颠三倒四"、"丢三落四"的，一些手语研究者正在积极争取手语的语言学地位，我意识到从语用学视角看聋人手语，聋人手语的"颠三倒四"、"丢三落四"均能得到合理的解释。

从语用学视角进行聋人手语研究，国内外能够借鉴的研究成果鲜少，研究过程中我们更多地借鉴有声语言的语用学研究成果，通过比较、分析有声语言和聋人手语的一致性与差异性，探求聋人手语在动态语境下的语用编码规律，本研究对丰富语言学研究范畴，拓展聋人手语研究视角，完善聋人手语研究体系还是很有意义的。

聋人群体较为分散，研究过程中采集手语语例十分困难。自研究立项以来，我就带着摄像机、三脚架、电脑深入聋人群体的各种会议和聚会中，广泛调研、采集聋人手语语例，并进行汉语翻译和手语编码分析。通过观察和了解，2018年4月又进一步邀请了张鹏、李俊鹏、李磊、胡晓云和刘欢这5位优秀聋人在专业摄影棚进行手语会话和小品的拍摄，非常感谢他们给予本研究的信任与支持。2018年底张鹏老师因病去世，我感到十分悲痛，全国的聋人与手语研究者都为失去这么优秀的聋人感到痛心，本研究录制的这些作品成为张鹏老师留给我们的最珍贵的财富。

研究过程中，我还得到了许多老师、朋友、学生的支持，这里一并进行感谢。研究初始，得到辽宁师范大学张宁生教授的大力支持，让我有机会参加国际手语会议并进行论文宣讲。2017年9月我前往复旦大学龚群虎教授处访学一年，得到了导师龚群虎和聋人老师沈承香的悉心指导，并非常愉快地和导师的博士生、硕士生团队一起学习和研究，这一年我的手语语言学能力有了很大提升。同时，还要感谢北京师范大学的顾定倩教授、重庆师范大学的郑璇教授、上海外国语大学的林皓老师在研究过程中给予的大力支持，国家手语与盲文中心的魏丹副主任、北京联合大学的吴铃教授和吕会华教授、上海大学的倪兰教授也都给予本研究很多启发。感谢上海的倪颖杰老师给予我上海手语的指导。感谢研究团队的成员为本研究付出的努力，特别是王雅琪老师查找和翻译了许多相关的英文文献。感谢手语语例采集中李玉影、李焕秋、芦苇、余宙、刘睿扬等朋友给予的支持。感谢手语语例的字幕制作中徐文婧、梁梦、谢琪、赖雅婷、张晓兰、张思婕、何丽梅、琚珍等学生给予的支持。最后，还要感谢江西人民出版社给予本书出版的大力支持。本书有些部分已经作为前期研究成果发表于期刊上，在此，也对这些期刊的编辑朋友表示感谢。

刘永萍

2019年秋于豫章师范学院

语用学视角下的聋人手语研究

目 录

语用学视角下的聋人手语研究

第一章

语用学视角下的聋人手语研究意义

1.1 聋人手语是独特的视觉语言

1.1.1 聋人不一定是聋哑人

聋人也称为听力残疾人、听力障碍者、听觉障碍者。在我国 2006 年第二次全国残疾人抽样调查残疾标准中规定（第二次全国残疾人抽样调查残疾标准, 2006）, 当人由于各种原因导致双耳不同程度的永久性听力障碍, 听不到或听不清周围环境声及言语声, 以致影响日常生活和社会参与, 就可以列入听力残疾。并且, 我国 2006 年第二次全国残疾人抽样调查残疾标准, 根据听力受损的程度, 将听力残疾可以分为四个等级, 也就是听力残疾一级到四级。

听力残疾一级: 听觉系统的结构和功能方面极重度损伤, 较好耳平均听力损失 ≥ 91dBHL, 在无助听设备帮助下, 不能依靠听觉进行言语交流, 在理解和交流等活动上极度受限, 在参与社会生活方面存在极严重障碍。

听力残疾二级: 听觉系统的结构和功能重度损伤, 较好耳平均听力损失在 81~90dBHL 之间, 在无助听设备帮助下, 在理解和交流等活动上重度受限, 在参与社会生活方面存在严重障碍。

听力残疾三级: 听觉系统的结构和功能中重度损伤, 较好耳平均听力损失在 61~80dBHL 之间, 在无助听设备帮助下, 在理解和交流等活动上中度受限, 在参与社会生活方面存在中度障碍。

听力残疾四级: 听觉系统的结构和功能中度损伤, 较好耳平均听力损

1

失在 41~60dBHL 之间，在无助听设备帮助下，在理解和交流等活动上轻度受限，在参与社会生活方面存在轻度障碍。

以前社会上对聋人还有个较为普遍的称呼为聋哑人，现在这种称呼在许多媒体中还存在，但这一称呼聋人很反感，觉得这是对他们的不尊重。因为聋哑人的称呼并不科学，聋未必哑。在过去，聋这一原发性的缺陷，的确会导致哑这一继发性的缺陷，但现在科技、医疗、教育的发展，较多聋人在听力补偿后，经过听觉言语训练，能够比较清晰地用口语交流。即使无法使用口语的聋人，大部分人的发音器官健全，只是因为听不到或者听不清，影响了他们的说。听人中也有因为听不清自己的声音而影响了口语表达的例子，例如听人戴上耳麦唱歌，当用很大的音量播放自己非常熟悉的歌曲，并跟着原唱一起唱时，自我感觉唱得完美，而旁边的听众听到的歌声却是声音很大而且跑调厉害。所以，聋人不一定是聋哑人。

1.1.2　聋人手语是独特的视觉语言

聋人，因为听不到或者听不清，不能用口语沟通，自然地选择用手与人沟通。其实听人也是这样，当听人的口语不起作用时，也会用手来沟通。如，在语言不通的异地他乡，听人会采用手势与人沟通；在一些声音嘈杂的地方，口语不起作用时，听人会采用手势进行沟通；特警在执行任务，不宜用口语传递信息时，也会采用手势传递信息等等。

聋人手语（sign language）是聋人因听觉障碍无法感知语音而自然产生的独特的视觉语言，是聋人非常重要的交际工具和思维工具（刘永萍，2010）。但聋人手语不同于以上介绍的听人沟通时用的手势，聋人手语是一种语言，是聋人群体使用的形义结合的手势－视觉沟通符号体系（龚群虎，2009）。口语是用语音－听觉来完成"发送－传递－接收"信息这个交际过程的，手语是用手势－视觉来完成"发送－传递－接收"信息这个交际过程的。

视觉接收的手语信息是很丰富的，具体而言，包括了手形、朝向、位置、动作，以及相应的表情、姿势。《国家通用手语常用词表》中规定的，手形是指手语表达时手指屈、伸、开、合的形状；朝向是手语表达时手指指尖所指和掌心所对的方向；位置是手语表达时手、头部以及肢体所处的空间位置；动作是手语表达时手、手臂以及身体做出的动作；表情是手语表达时面部反映出的思想感情；姿势是手语表达时肢体呈现的样子。本书参照以上规定略有调整，即：位置是手语表达时手所处的空间位置；姿势是手语表达时头部或身体呈现的样子。由此可见，手语并不是简单地用手来表达，还调动了身体的手臂、头部等多个部位结合表情、空间位置共同来表达的。

如下例：

【例1-1】

唉，唉，唉！我朋友心情不好，唉！

——选自《老人摔倒扶不扶》

图1-1　例1-1手语示图

例 1–1 是聋人手语语例《老人摔倒扶不扶》的开场白。《老人摔倒扶不扶》是张鹏与李俊鹏表演的一段手语对话，这句话的打手语人为张鹏。如图 1–1 所示，我们来分析这句话的手形、朝向、位置、动作，相应的表情、姿势，以及表达的意义，具体见表 1–1：

表 1–1　例 1–1 手语分析

汉语转写	手形	朝向	位置	动作	表情	姿势	表达的意义
唉①	双手伸掌微屈。	双手掌心向内，指尖向斜下方。	腹部	双手掌静置于腹部，左掌搭于右掌上。头微摇。	心疼	头微低	三个不同的动作，表达打手语人对这事的担忧与心疼，都转写为"唉"。
唉②	双手伸掌微屈。	双手掌心向上；右手指尖向左，左手指尖向右。	胸部	双手置于胸下方，右手掌背反复拍打左手掌心几下。	心疼	头微低	
唉③	双手伸掌微屈。	双手掌心向上；右手指尖向左前；左手指尖向右前。	胸部腹部	双手向下微动几下。	心疼	头正	
我	右手伸掌。	右手掌心向内，指尖向左。	胸部	右手掌贴于胸部。	心疼	头正	用右手掌指向自己，表达"我"。
朋友	双手各伸拇指，全屈其余四指。	双手掌心相对，拇指尖向上。	胸部	双手以腕部与四指互碰。	心疼	头微低	用双手各伸拇指表达"人"；用双手腕部与四指互碰表达二人是关系近的"朋友"。
心情	①双手伸出拇食指，全屈其余三指。②双手掌五指分开。	手形①双手掌心向内，拇指尖相对、食指尖相对。手形②双手掌心相对，指尖向上。	胸部	手形①双手贴于胸部，拇指尖相对、食指尖相抵。手形②双手掌心相贴，右手向前下方转动。	心疼	头微低	用双手拇、食指搭成"心"形表达"心"。用双手掌心相贴，右手向前下方转动表达"情"。

汉语转写	手形	朝向	位置	动作	表情	姿势	表达的意义
不好	右手伸出小指，其余四指全屈。	右手掌心向内，小指指尖向上。	胸部	右手伸出小指静置于胸前。	心疼	头正	用伸小指表达"不好"、"坏"。
唉	双手伸掌微屈	双手掌心向内，指尖向斜下。	腹部	双手掌静置于腹部，右掌搭于左腕上。头微摇。	心疼	头微低	第四个"唉"，再次突出打手语人对这事的担忧与心疼。

1.1.3 手势汉语不是聋人的手语

过去较长一段时间聋人手语被认为有一些不足，如，《手语基础》（教育部师范教育司，2000）中认为聋人手语常常省略句子的某个成分；还被认为其学习和使用会影响聋人掌握有声语言（我国为汉语）。所以，我国手语研究、规范与推广的过去 50 多年，主要关注点是手语词汇，而手语表达就善意地设计为按照汉语的语序打出手语词汇，认为这样的设计才有利于聋人掌握好汉语。但这人为设计的手语并不是聋人自然表达的手语，而是汉语的手势符号化，是手势汉语（龚群虎，2009）。如，《中国手语日常会话》（中国残疾人联合会教育就业部等，2006）中编写的所有手语日常会话的范例，均以汉语语序逐词对应地表达，部分辅以文字说明聋人的表达习惯。手势汉语普遍应用于聋校教学和电视手语新闻中，而聋人之间的交流，仍是自然选择使用聋人手语。

1.1.4 聋人对聋人手语和手势汉语的态度

聋人对于手势汉语和聋人手语的态度，顾定倩等的调查显示（顾定倩等，2005），愿意使用聋人手语的聋校学生为 42.0%，社会聋人为 56.8%；愿意按有声语言语序打手语的聋校学生为 17.1%，社会聋人为 6.8%。对于电视手语新闻也有多项调查显示，聋人因为看不懂而不爱看，早期的如冉美华的调查显示（冉美华，1998），64.4% 的聋人只是偶尔看手语新闻，78.89% 的聋人只能理解手语新闻中不足 60% 的手语；近期的如刘艳虹等的调查显示（刘艳虹等，2013），电视台的手语新闻，仅 8.0% 的聋校学生和 5.0% 的成年聋人能看懂很多，而基本看不懂的聋校学生为 27.0%、成年聋人为 44.9%。

1.1.5 聋人手语的语言地位得到认可

20 世纪 60 年代初，美国聋人大学加劳德特大学（Gallaudet University）教师威廉·斯多基（William Stokoe）发表了世界上第一篇关于手语语言学的论文《美国手语的结构》，这是美国手语语言学的奠基之作（郑璇，2015）。现在，随着手语研究的深入，手语语言学已被认定为语言学的一个分支（邓慧兰，2011），认为手语是自然语言，在语言学领域内其语言地位与有声语言是平等的（邓慧兰，2014），并认识到聋人自然沟通的语言是聋人手语，而不是手势汉语，不能把手势汉语当作中国手语标准或规范进行推广（龚群虎，2009）。《国家通用手语常用词表》作为国家语委语言文字规范于 2018 年 7 月 1 日正式实施，在《国家通用手语常用词表》的手语词汇的学与用方面，规范研制组负责人特别指出，所呈现的仅是词的手语动作，而运用这些词需通过不同的句式，手语有其自身的规律和特点，需要另外学习（董鲁皖龙，2018）。在一些手语研究著作中，已经大量出现聋人手语的例句了，如吴铃老师的《中国聋人手语 500 例》（吴铃，2015）、郑璇老师的《手语基础教程》（郑璇，2015）中，示范的手语句子、会话均是聋人手语。现在的手机智能技术，让聋人间非面对面手语交流有了非常便捷的交流途径，并且很多优秀聋人自己做公众号，将聋人手语的表达录制成生动的视频，深受聋人喜爱。

1.2 从语用学视角进行聋人手语研究的意义

1.2.1 什么是语用学

语用学（Pragmatics）源于哲学家对于语言的探索。语用学这一术语是由美国哲学家莫里斯（Charles William Morris）于 1938 年首先提出的，并且他还粗略地指明了语用学研究的对象和范围。1977 年，《语用学杂志》（Journal of Pragmatics）在荷兰的阿姆斯特丹正式出版发行，是语用学成为语言学的一门独立的新学科得到承认的标志（索振羽，2000）。

什么是语用学，索振羽认为（索振羽，2000），语用学研究在不同语境中话语意义的恰当地表达和准确地理解，寻找并确立使话语意义得以恰当地表达和准确地理解的基本原则和准则，他强调是在言语交际的总框架

语用学视角下的聋人手语研究

6

中阐释话语意义的恰当地表达和准确地理解的。"话语意义的恰当地表达"，是指说话人针对不同的语境把自己的意图选用恰当的言语形式表达出来；"话语意义的准确地理解"是指听话人依据说话人已说出来的话语的字面意义和特定环境推导出说话人所说话语的准确含意。言语交际是双向的，语用学强调听话人的准确理解，因为只有听话人理解了说话人所说话语的准确含意，才可能达到最佳交际效果。

1.2.2　从语用学视角进行聋人手语研究的意义

本研究致力于探索在语用学的视角下，以共同的语义为基础，综合动态的语境、结合语用编码规律为"桥梁"，准确地理解聋人手语所表达的含义，寻找并确立聋人手语意义得以恰当地表达和准确地理解的基本原则和准则，随着研究的深入，越来越觉得此研究非常有意义。

（1）能丰富语言学研究范畴

目前，国内外从事手语研究的人很少，从语用学视角进行手语研究的人更加鲜少。本研究从语用学视角进行聋人手语研究，可以拓展聋人手语研究视角，完善聋人手语研究体系，从而丰富语言学的研究范畴。

（2）能更正确、客观地认识聋人手语

聋人手语作为视觉语言，言语表达形式和有声语言完全不同，虽然长期被误解存在着严重的"丢三落四"、"颠三倒四"的现象，但这些"丢三落四"、"颠三倒四"都不会影响聋人之间的交流，反而使得交流非常顺畅、高效。

本研究认为从语用学视角，可以解释聋人手语交际中，打手语人针对不同的语境把自己的意图选用恰当的手形、朝向、位置、动作，以及相应的表情、姿势表达出来，而看手语人能够依据打手语人已表达出的话语的字面意义和特定环境推导出打手语人所表达话语的准确含意。从语用学视角，可以更正确、客观地认识聋人手语。

（3）能更高效地学习聋人手语

学习一门语言就是培养该门语言的语用能力的过程。无论是课堂听课，还是业余自学，学习者都有一种错觉，以为学语言就是不断积累词汇和语法知识的过程。于是，有许多语言学习者，特别是外语学习者，不辞辛劳地去背词典、啃语法书。然而，语用学却告诉我们，语言知识的积累固然

第
一
章
语
用
学
视
角
下
的
聋
人
手
语
研
究
意
义

不可缺少，但它绝不是学习语言的最终目的；获取语言知识不能过分依赖书本而脱离语言运用的环境。学习一门语言并不只是为了了解该门语言，而是为了很好地使用该门语言，合理、可行的做法是在使用中学，在运用中领会、巩固，边学边用（何自然，1997）。

语用能力可以解释为运用语言进行得体交际的能力，可以简化为表达和理解两个方面。为使语言表达得体、合适，语言的使用者就必须学会针对特定的语境，考虑到社会和文化因素，灵活、合理地使用语言；而为了增强对语言的理解力，语言的接受者就必须了解言语交际的一般模式和原则．以及话语意义的多层次性（何自然，1997）。如汉语学习，许多学者认为必须从语言文字及其运用出发，以语言学习为主，以培养学生的语用能力为目标。汉语学习的课程内容和目标要立足于语言文字运用，把语言文字及其运用作为教学活动与教学设计的核心内容与基本立足点（荣维东，2015）。

因此，从语用学视角进行聋人手语研究，寻找并确立使聋人手语的话语意义得以恰当表达和准确理解的基本原则和准则，能帮助聋人与听人更高效地学习、应用手语。

第二章

聋人手语语例

2.1　聋人手语语例采集

2.1.1　博观

为寻找并确立聋人手语意义得以恰当地表达和准确地理解的基本原则和准则，本研究广泛采集聋人手语语例。聋人群体人数少，且分散，采集手语语例较为困难，为此，研究者全国四处奔走，采集了全国各地的228位聋人的手语语例，语例以二人会话的形式为主。采集对象主要为北京、上海、重庆、江西、江苏、浙江、福建、广东、辽宁、西藏等地区的社会聋人、高校聋人大学生、聋校中学生。

本研究发现广泛采集的聋人手语语例较多存在以下二个问题：

一是会话简短。因临时采集，临时命题，普遍时长一分钟左右，会话不够深入。

二是拍摄效果不佳。因临时场地和远行携带拍摄设备均受限，拍摄效果不尽如人意。

2.2.2　约取

为解决博观所存在的问题，研究者又深入聋人群体，通过了解，确定了李俊鹏、张鹏、李磊、胡晓云、刘欢这五位在国内聋人群体中知名度高、手语水平高的聋人为手语语例深入采集、分析的对象。

手语语例深入采集步骤如下：

一是请聋人结合自己的生活实际设计话题，研究者不进行会话的汉语

9

提示，由聋人间先用聋人手语沟通会话的大致内容，再录制。

二是聘请专业影视制作公司在专业摄影棚三个机位录制，且录制过程不进行任何干预，一气呵成，以保证视频录制质量与语例的自然完整。

三是后期制作只进行镜头的切换，语例的内容不做删减，保证了语例的真实、自然与流畅。

四是由每位聋人独立转写自己的手语表达，研究者将独立的转写进行整合后，再进行汉语翻译，翻译过程与聋人反复沟通，以保证聋人的手语表达能准确翻译为汉语。

2.2.3　呈现

本书以书面形式静态呈现聋人手语的手形、朝向、位置、动作，及相应的表情、姿势虽不及视频动态展示那么完整、直观、形象、简洁，但由于聋人手语表达转瞬即逝，不精通聋人手语的人看着只觉眼花缭乱，故书面形式能更清晰地展示聋人手语的手形、朝向、位置及运动路径。为此，在后文，我将聋人手语语例视频中打手语人的手形、朝向、位置、表情与姿势截图后，绘以运动路径，配以汉语转写，尽量清晰明了地呈现聋人手语。

2.2.4　特别说明

本研究通过对聋人手语语例的调查分析，探讨动态语境下聋人手语语用编码的规律。需特别说明的是，文章中的研究语例均来源于动态的语境，在实际应用中，语例的聋人手语图示和汉语并非严格的一一对应的关系。即，相同的汉语，聋人手语常常根据语境变化有不同的表达；而相同的聋人手语，汉语也常常根据语境变化有不同的表达。

2.2　聋人手语语例介绍

2.2.1　聋人手语语例表达者

本研究深入采集、分析的聋人手语语例共有 20 个，其中聋人手语会话 15 个，聋人手语小品 5 个。这 20 个手语语例的后期制作与分析中，对这五位聋人进行了字母设定，其中 A 为张鹏，B 为李俊鹏，C 为李磊，D 为胡晓云，E 为刘欢，具体见图 2-1：

A 张鹏   B 李俊鹏   C 李磊

D 胡晓云   E 刘欢

图 2-1　聋人手语语例的表达者

2.2.2　聋人手语会话主要内容

（1）聋人手语会话 1：跟团游与自助游

这一聋人手语会话中，手语表达者为 B 李俊鹏、C 李磊。会话的主要内容为：

C 和爱人平时去国外游玩，因为担心语言障碍，都是跟团游的。C 看到 B 去国外旅行是自助游，很是吃惊。B 是因之前跟团游有过赶时间、强迫购物等不愉快的经历，才决心和聋人朋友反复研究怎样进行自助游。C 于是向 B 咨询去泰国自助游需要做些什么？ B 十分热心地向 C 介绍了去泰国自助游需要做哪些准备：首先需要有护照；然后重点介绍了怎样办签证、订机票；还叮嘱 C 上网查去泰国旅游需要带的东西，并列好清单。最后 B 安慰 C 以上这些按步骤逐一完成，没有想象中这么难。

（2）聋人手语会话 2：老人摔倒扶不扶

这一聋人手语会话中，手语表达者为 A 张鹏，B 李俊鹏。会话的主要内容为：

A 朋友的孩子 12 岁，孩子和二位同学在放学路上，看到摔倒的老人好心搀扶，结果被老人讹诈了 24000 元，因为事发地点没有摄像头，也没有其他人证，只能认罚，A 朋友心情非常糟糕。于是，B 给 A 一些建议，建议以后孩子遇到他人需要扶，孩子作为弱小不要急着去扶，可以用以下几种方法：首先可以喊周围的大人帮忙一起扶；其次可以拨 110 报警，或者拨 120 送医院急救；还可以用手机摄像取证后，再去扶。最后 B 认为必须教育孩子做好人好事，但不要盲目做，更不能因为这事就教育孩子遇事明哲保身，应该让孩子吸取教训，遇事冷静分析、妥善处理。

（3）聋人手语会话 3：过年旅游行不行

这一聋人手语会话中，手语表达者为 A 张鹏，B 李俊鹏，C 李磊。会话的主要内容为：

A 与 C 交流寒假旅游的计划。C 计划过年时去泰国旅游，A 认为过年前到泰国人多拥挤玩不成，C 表示国内年前人多，泰国是国外，人不会多。A 计划年前和妻子去海南旅游。接着 A 好奇泰国有哪些值得旅游的，C 于是介绍了过年时泰国热乎，可以游泳，而且水果又多又好吃，还便宜。

然后 A 问 B 过年的旅游计划。B 羡慕 A 和 C 是老师，假期长，自己在公司只有七天假，觉得这么短的时间出去旅游，时间太紧，而且人挤人、花费大，还是在家陪聋人朋友打打麻将，省钱又开心。A 又提起 C 怎么愿意去泰国旅游的。于是 C 更详细地介绍了过年泰国暖和，要带着妻子和孩子去游泳；泰国有很多美食、美景；大象、鳄鱼、人妖等也都很有特色。C 计划跟团游七天，B 认为加上准备的时间，一趟旅游要十来天，B 上班已很疲惫，过年时没有时间旅游。B 还建议 C 在人多时，可以插入人少的时间点游玩。A 和 B 都认为自助游比跟团游好一些，虽然跟团游能帮忙订好酒店和机票，但真正玩的时间太赶。A 还强调，过年除夕的团圆饭，是中华民族的传统，很重要，不能丢，过年应该陪伴父母孩子，过完年再去旅游。最后，A 和 B、C 相约旅游回来相聚分享。

（4）聋人手语会话 4：聋人找工作

这一聋人手语会话中，手语表达者为 D 胡晓云，E 刘欢。会话的主要内容为：

D 关心 E 找工作的情况，E 答复已经找好了。E 介绍，面试时工作单位是担心她沟通有问题的，E 申请试一试，因工作时需要的沟通还比较简单，自己又会写字，就正式留下了。E工作后，通过努力宣传，又招聘了些聋人，现在单位上聋人和听人的数量差不多了。E认为，工作中沟通不是最要紧的，最要紧的还是思维敏捷、动作麻利。而且沟通的问题解决方式很多，聋人和听人之间主要通过写字来沟通，有些听人会学手语，有些聋人不会写字，自己就成为他们和听人之间的翻译。聋人和听人互相沟通，工作完成得很好。E的领导是听人，她想如果领导是聋人，会更懂聋人，管理效果会更好。D认为E的工作单位很不错，有些单位嫌招聘聋人沟通麻烦，是直接拒绝的，残联的招聘是比较好的。E的工作单位需要会写字，她还在努力学习写字，D鼓励E，听人领导看到聋人很努力，会更理解和包容聋人。

（5）聋人手语会话5：买车

这一聋人手语会话中，手语表达者为A张鹏，C李磊，D胡晓云。会话的主要内容为：

C兴高采烈地告诉A和D，自己顺利拿到了驾驶证，并介绍现在很多聋人都去北京的驾校考驾驶证，而且20天就可以拿证。

C考的是C2证，三人就聋人考C1（手动挡）还是C2（自动挡）好，展开了讨论：D认为C1和C2没什么区别；A认为C1难，在城市红绿灯多，C2操作简便适合。D还认为C1车的座位有7座的，多座位好；而A听说C1和C2的座位一样的，都可以到9座。A还自豪地介绍自己有B1证，可以开20座（以下）的，可以凭证去租中巴车，聋人朋友们一起旅游方便又省钱。

接着三人又根据C预算的15万元能买什么车，及车的用途、如何贷款买好一点的车等展开了讨论：A建议买四驱的越野车；D认为四驱的越野车很费油；C认为四驱的越野车太贵了，他买车主要想方便接送孩子，不会跑长途；A和D都认为买车要做好跑长途的准备。A还就怎么贷款给了详细的建议，并强调了买车的安全意识要强，也肯定了C喜欢的白色很醒目很好。最后A和D都热心地表示将陪C去买车。

（6）聋人手语会话6：聋教育

这一聋人手语会话中，手语表达者为B李俊鹏，C李磊，D胡晓云。会话的主要内容为：

C 是聋校教师，他工作努力，已经顺利入编。C 介绍了所在聋校听人教师和聋人教师的比例约 50：3，这 3 位聋人教师负责教听人教师手语，所以学校的所有老师都会手语。C 还分享了自己接受聋教育的过程，最初他是接受口语训练；后来口语训练没有成功，在原苏州盲聋学校学习时学会了手语，后来就一直使用手语；然后在南京读的高中，在天津读的大学，学的是计算机专业；大学毕业后回母校任教，教小学段的手语课，初中和高中段的电脑课。

D 接着也分享了自己的受教育经历：一年级时在普校学习，但因为听不到，转到聋校学习了八年。B 和 D 有相同的经历，也是在聋校学习了八年。他们接着就聋校六年加三年的九年义务教育展开了讨论。他们认为普校听人教材太难，聋校教材太简单，差距达到 2 年左右。C 和 D 认为同样九年级毕业时，听人超出很多，聋人出现交往困难。B 却用自己的经历来证明，虽然聋校学习时比听人落后一些，但有用手语交流的聋人朋友；当进入社会后，交流和办事时头脑灵活，现在已经超越很多听人，当然他也认识到，聋人和听人的水平都有高下之分。

B 还分享了自己的受教育经历，幼儿园时是在普通幼儿园读的，因为听不见，不能和小朋友交谈，每天熬时间等爸妈来接，很孤单，而且头脑空空。后来，爸妈终于找到了聋校，入聋校，他学习了手语，收获了知识，武装了头脑。那时聋校老师上课用口语，课后交流用手语。因为自己不会口语，上课时傻傻地动口，并且背下来，只是考完就忘了。但汉字自己记得很好，看汉字的字形好像看画。

C 又介绍了爱德、挪威和江苏省 5 所聋校的双语项目。这个项目中，手语是第一位的，所以，第一要掌握好手语，第二要落实好书面语教学。5 年的项目合约已经结束，但自己学校仍在坚持。三人都肯定双语很好，B 接着介绍自己受教育经历来说明书面语很重要，他在聋校非常拼搏，考入了听人大学，虽然还和幼儿园一样孤独，但不是幼儿园时的头脑空空了，已经掌握了书面语，能够自己看书，抄笔记，询问。

最后，B 认为幼儿教育阶段学习手语就好，口语好难。而 D 认为，学习好手语、口语、书面语，能灵活应对各种情况，便于沟通。三人都由衷希望聋教育发展得越来越好。

语用学视角下的聋人手语研究

（7）聋人手语会话 7：箭扣长城

这一聋人手语会话中，手语表达者为 A 张鹏，B 李俊鹏。会话的主要内容为：

B 和 A 三个月没见，好奇 A 去哪了，怎么晒黑了？A 回复是外出旅游了，B 于是猜测 A 是带着摄影器材去旅游摄影了。接着 A 介绍了自己去比较偏远的箭扣长城旅游的过程：首先他通过摄影展认识了这一古长城；然后一行六人结伴去，早上去，原打算中午返回，结果晚上才返回；路不太平坦，需要专业的户外运动鞋、双肩包；他的双肩包装着 20 斤重的摄像器材，而且只带了一小瓶水和少量的苹果、干粮，登山时又累、又渴、又饿。但箭扣长城的景色的确美，特别是日出时，真是美，他的摄影作品打算以后投稿，和更多人分享他的乐趣和收获。B 因为身体较弱，不能去登山，于是 A 热心地提出以后要带着 B 一起去，能保证他的安全，B 愉快地接受了邀请。

（8）聋人手语会话 8：聋人子女教育

这一聋人手语会话中，手语表达者为 C 李磊，D 胡晓云，E 刘欢。会话的主要内容为：

D 介绍 C 与 E 认识，接着三人就聋人子女的教育进行了交流。

E 首先向 C 进行了自我介绍：南昌人，父母和丈夫都是聋人，儿子健听。然后 E 提出了自己孩子的教育问题：没法教说话，用手语教又有些障碍。C 在健听儿子的教育中也有同感，他等到孩子 5、6 岁喜欢手语时，才教他手语。C 接着又提出，现在的社会竞争很大，孩子们都要学习各种兴趣班，负担很重，担心自己的孩子会落后。E 认为，要尊重孩子的兴趣，再鼓励他，陪伴他。D 也赞同要尊重孩子喜欢的，强迫学习没有效果，浪费钱。E 曾经让孩子学习小提琴，孩子不喜欢，就放弃了，E 用自己工作路途的艰辛教育孩子，孩子表示会努力的，他的成绩总体优秀，都是靠他自己看书和网络学习，孩子得到老师和朋友的夸奖，E 也觉得很幸运，很安心。E 的孩子还在家庭的交流和观察中，学会了手语，当父母有看病等需要时，孩子可以做他们的手语翻译，E 就可以安心工作养家。

接着 C 继续介绍了自己孩子的教育情况：孩子不喜欢滑冰、跆拳道，都放弃了，喜欢游泳，一直坚持着；还报了英语班，但孩子不喜欢，自己就一直陪伴着，让他能跟上班上的进度；孩子总体成绩在班上 10 几名，中等水平；等孩子长大一些，看看还喜欢什么再学。

E 又强调，孩子的教育中，最重要的是人品，孩子一定不能受人教唆变坏，从小就要管着，要接他放学，监督他回家，到初一时抓紧就来不及了，14、15 岁青春期还会叛逆。

D 也建议，孩子小时候抓紧，长大了慢慢放手，逼紧了会让人烦，就会行为逆反，对孩子的兴趣要多鼓励。

（9）聋人手语会话 9：聋人组团游

这一聋人手语会话中，手语表达者为 A 张鹏，B 李俊鹏。会话的主要内容为：

A 和 B 计划清明扫墓后，和聋人朋友组团出游，一行约 40 人，打算包辆大客车，认为跟团游聋人沟通不便，决定自助游。然后二人就怎样包车、买保险，以及旅游地点的选择进行了交流。二人都认同为了安全必须2 名司机轮换开车。A 又就怎样购买和安扎户外帐篷、准备野餐食物等做了介绍，B 又介绍了怎样在网上购买旅游意外险。最后 A 提出还必须请一位翻译同行，沟通省时方便。二人还认为所有钱先统一交，然后统一支出，AA 制结算比较好。

（10）聋人手语会话 10：聋人婚姻

这一聋人手语会话中，手语表达者为 C 李磊，E 刘欢。会话的主要内容为：

C 向 E 诉说自己的烦心事：C 毕业工作了，开始准备结婚；C 爱慕一位聋人女同学，两情相悦，已经交往 3、4 年了；但父母反对，父母安排C 和听人结婚，父母说如果 C 坚持娶聋女友，就和 C 断绝关系，所有的事情 C 自己解决，这让 C 感到压力很大，非常烦恼。E 也非常反对 C 父母的做法，认为这样盲婚是没有幸福的，C 也担心以后和听人妻子沟通困难，产生矛盾。E 建议 C 带聋女友回家，对父母勤快些，多帮忙、多交流，父母感受到交流的乐趣，内心的幸福，就不反对了。C 觉得这是个好主意，但还是担心父母顽固、不接受。E 又举出身边一个事例：E 朋友是有一个聋人发小男友的，但还是听从父母安排，嫁给一个家庭比较富有的听人；朋友婚后夫妻沟通不畅，日子很无聊；朋友回到聋人圈里聊天，觉得又舒适又好，就向父母提出想离婚，父母经过商议同意了，就向丈夫提出了离婚，之前老吵架，还没有孩子，丈夫就同意了离婚，也没有要求赔彩礼，只是离婚传出去不太好听。C 觉得 E 的事例很好，要把这事例告诉自己的父母，想办法让父母理解自己的想法，并且打算带着聋女友上门，用真心感动父母。

（11）聋人手语会话 11：手语角

这一聋人手语会话中，手语表达者为 A 张鹏，D 胡晓云，E 刘欢。会话的主要内容为：

A 吐槽最近很忙很累，除了自己的家事和工作，还常常被 60 多岁的聋人邻居喊去陪聊，忙不过来却又无法拒绝寂寞的老聋人的要求，很烦恼。D 建议让老聋人去聋人的活动之家——手语角，武汉有，每周固定时间的，直接去就可以，聋人聚在一起会很开心。E 介绍自己常常去手语角，那有听人、有聋人，聚在一起，可以聊天、可以咨询，很开心，打手语对健康也有好处，还是免费的；而且手语角不仅有老年聋人，还有年轻聋人在那教手语，听人在那学手语。D 介绍了南昌手语角的由来，以前聋人缺少一个大家庭，没处玩，和听人不知怎么交往，为了便于聋人们交流，聋协领导决定成立手语角，每周日都有，聋人来交流时事、保健，听人也来学习手语，以后可以帮助聋人。E 又介绍父母是聋人，自己到手语角学习到很多信息，感觉岁月安好，还能大家约着组团出游。D 又介绍，手语角固定周日见面，还方便当面办一些事情，如发放一些物品，签一下体检合同等；而且公园里树多，环境好，宅在家里，对健康反而不好。最后 A 高兴地表示，回去得赶紧把手语角的信息告诉老聋人。

（12）聋人手语会话 12：叫外卖

这一聋人手语会话中，手语表达者为 B 李俊鹏，E 刘欢。会话的主要内容为：

E 很饿，想让 B 陪着去吃饭。B 忙着操作电脑，没有时间陪，提议网上叫外卖。E 不懂怎么网上订餐，B 边示范边指导：首先下载一个 APP，里面有各种店、各种吃的；E 喜欢肯德基，点了鸡翅、汉堡、猪肉、牛奶，B 发现还差 1 元才能免运费，E 又加了份薯条；B 自己去另一个店里点米饭和 2 份猪肉的炒菜，这样才能吃饱。E 觉得网上订餐好机智，好方便。

B 建议订餐要少油炸，清淡一点、健康一点、卫生一点。E 又想起如果吃坏肚子，怎么维权？B 回复，可以给个一星差评，还可以凭订单追责。最后 B 建议，工作忙时才能偶尔订餐，平时还是在家炒菜最卫生、健康，还便宜。

（13）聋人手语会话 13：呼叫 110/119/120

这一聋人手语会话中，手语表达者为 C 李磊，D 胡晓云，E 刘欢。会话的主要内容为：

E 家最近被盗，幸亏找听人邻居帮忙打了 110 报警，她想如果邻居不在、聋人又不方便打电话报警怎么办？D 告诉 E，可以发短信报警，发短信的专用号是 12110，并指导 C 和 E 怎样发短信和发送位置。D 又介绍火警电话 119 目前没有短信。C 担心，聋人遇火灾，只能找邻居帮忙，万一挨家挨户敲门邻居却都不在，这浪费很多时间，家都烧没了，怎么办啊？E 又想起急救电话 120，D 介绍这也没有短信功能。E 认为火情紧急，碰到邻居都上班不在，就难办了；急救稍好一点，E 儿子曾经从二楼坠楼，就是邻居告知她，并帮忙打了 120 急救的。D 介绍自己紧急求助时，会给亲友发短信，请亲友打电话。C 还认为微信又方便又好。E 认为出事时还需有翻译便于沟通，C 认为紧急时来不及等翻译。三人都认为聋人们可以集体向残联提出火警和急救电话增加发短信功能的诉求。

（14）聋人手语会话 14：网购

这一聋人手语会话中，手语表达者为 D 胡晓云，E 刘欢。会话的主要内容为：

E 向 D 展示自己购买的新衣服，并告诉 D 不是逛街购买的，是网上买的，D 对于网购不太了解，E 就详细地进行了介绍：E 推荐 D 到天猫购买衣服、口红，品质好，而淘宝的品种多，但品质要自己看评价挑选，京东家电多；E 认为网上购物便宜些；E 还介绍了退换货的流程，打消了 D 担心购买的物品不满意的担忧；E 提醒 D 要小心虚假的评价，还要小心假冒的品牌；E 对于网上支付的流程和保障也进行了介绍，让 D 觉得安心；E 最后介绍了网上购物就有积分，积分兑换又可以省点钱，而且快递可以寄到家门口，十分适合工作繁忙的 D。

（15）聋人手语会话 15：中国新四大发明

这一聋人手语会话中，手语表达者为 A 张鹏，B 李俊鹏，C 李磊，D 胡晓云，E 刘欢。会话的主要内容为：

C 向大家抱怨，买房要去银行预约排队取钱，很麻烦。E 建议 C 支付宝转账，不需要排队，十分方便。B 由此问大家听说过中国新"四大发明"吗？A 表明自己只知道古代的四大发明，一个是造纸术，D 和 C 又补充了指南针、火药、印刷术。然后他们聊起了现在中国新的"四大发明"，有前面说的移动支付，还有共享单车、网购和高铁。他们认为共享单车适合短距离骑行，节约时间又非常方便，对于共享单车怎样扫码、交押金、交费、及信用积分等他们都进行了讨论。关于网购，他们都表示很熟练了。接着，他们又分享了高铁给出差、旅游带来的极大便利，并且高铁车站建得也很宽敞。他们还发现中国人很喜欢用"四大"来概括事物，如四大名著《三国演义》、《西游记》、《水浒传》及《红楼梦》。最后，他们都好奇并期待中国将来还会有什么新的"四大发明"！

2.2.3 聋人手语小品主要内容

（1）聋人手语小品 1：碰瓷

这一聋人手语小品中，手语表达者为 B 李俊鹏，C 李磊，D 胡晓云，E 刘欢。小品的主要内容为：

C 正在寻找能够碰瓷的车辆时，D 开着车过来了。E 用手机导航发现好像目的地到了，让 D 停下来，D 停车正打算和 E 研究地图时，C 撞了过来，并做出腿受伤很严重的样子。D 和 E 赶紧下车查看，D 虽然有些困惑：这车停下来了怎么还撞人了？但觉得还是赶紧把人送医院要紧。C 却坚持不去医院，要赔钱 2000 元。E 冷静旁观认为是碰瓷，决定发短信报警。B 接短信报警后来到现场，C 说车撞人，D 和 E 说人撞车。B 查看了 D 的相关证件后，认为 C 说的车撞人，有腿疼的证据；而 D 和 E 说的人撞车，目前没有证据，所以决定先送 C 去医院。C 看一定要先去医院了，吓得赶紧表示腿没事，就溜了。最后 B 向 D 建议车上安装行车记录仪，记录的汽车行驶过程的视频能为交通事故提供证据。B 离开后，D 和 E 仍心有余悸，认为以后要小心一点，得赶紧买个行车记录仪装上。

第二章　聋人手语语例

19

（2）聋人手语小品 2：买菜

这一聋人手语小品中，手语表达者为 A 张鹏，C 李磊，D 胡晓云，E 刘欢。小品的主要内容为：

C 挑菜进入市场，瞧着自家新鲜的胡萝卜和包菜，十分满意，张望四周，发现市场现在还没什么人。A 挑菜进入市场，他擦了擦满头的汗，他对于自家的农家蔬菜也十分自信，特别是黄瓜的味道，那叫好！A 于是叫卖起来：搞活动了，便宜了，降价了！

E 和 D 商量中饭怎么吃，E 建议定外卖，D 反对；D 建议买菜自己做，E 赞成。于是 D 和 E 来到市场，D 看到了 C 的包菜和胡萝卜都很新鲜，E 问了 C 胡萝卜的价钱后，又转向 A 的菜，A 强调自己的菜是早上 5 点在自家菜地里新鲜挖的，E 认为新鲜又天然，很满意。在问了 A 包菜的价钱后，D 和 E 商量中午的菜谱为炒一个包菜，炖一个萝卜汤。于是，又去比较 C 包菜的价钱，以 0.8 元一斤的价钱买了 C 的 2 个包菜。C 处没有白萝卜，E 和 D 又去 A 处买炖排骨汤的白萝卜，以 3.5 元的价钱买了白萝卜。C 又积极推荐红萝卜对眼睛好，E 和 D 觉得作为明天的菜备着也行，经过一番讨价还价，以 2.5 元的价钱买了 2 斤胡萝卜。E 和 D 正要离开时，A 又向她们推荐洋葱对血管很有好处，E 和 D 又买了 6 元钱的洋葱，E 还让 A 加赠了一个。A 又顺利卖出了洋葱，收到钱对着 C 非常嘚瑟。E 觉着既买到了菜，又讲到了价，很是愉悦。最后，E 和 D 向 A 和 C 道别，开心地回去炒菜了。

（3）聋人手语小品 3：买手机

这一聋人手语小品中，手语表达者为 B 李俊鹏，C 李磊，D 胡晓云。小品的主要内容为：

B 发信息给 C 一直没得到回复，见面才得知 C 手机坏了。C 不知选什么手机好，B 向 C 推荐了得到广泛认可的苹果和华为。B 带 C 到了卖手机的 D 那，他们首先看了苹果 8 代，C 觉得颜色鲜艳，较为喜欢。接着 B 又给 C 分析比较了安卓系统和苹果系统。接着 C 又看了华为的手机，C 喜欢拍照，就重点看了专业拍照且内存大的。经过一番比较，他们初步选定华为手机，在 D 确认了保修期为一年，并加送了真皮手机壳和钢化膜后，C 决定购买。B 和 C 查验新机后，在付款时因 C 手机损坏无法使用支付宝，

B帮忙用支付宝代付。最后B请C用新手机给自己和D合影，他们对手机的拍照效果十分满意。

（4）聋人手语小品4：母亲节快乐

这一聋人手语小品中，手语表达者为D胡晓云，E刘欢。小品的主要内容为：

D奇怪女儿E上班要迟到了，还在睡懒觉。E查看了手机，公司因停电休息，得知D正好也闲着，于是约着D去买衣服。二人洗漱、吃饭、洗碗后，9点多才出门，来不及乘公交，决定打车去。E得知D喜欢简约、纯色的衣服后，带D到了一家名牌店，里面的衣服比较贵。D先试了一件白色的，E觉得很一般，又推荐D试穿了一件花的，E和D都觉得花的穿着青春漂亮，但这件是新品，600元没有折扣，D觉得太贵，E表示自己工作能挣钱了，能买来送给D，D还是心疼女儿挣钱不容易，衣服太贵。E又建议D配一条黑裤子，选中一条XL码的直筒裤，价格要380元，加在一起要1000元，D十分心疼。E表示送D母亲节的礼物，全身都要新的。D想另找便宜一点的，E劝说D节日快乐才重要，不要管多少钱。接着E又给D选鞋，为了安全，选中低跟的，D试穿了一双38码的，觉得很舒适，E就赶紧扫码支付，并祝D节日快乐。D还是买得心疼，嫌太贵。E哄着D不要让别人看了笑话，赶紧回去。

（5）聋人手语小品5：家庭聚餐

这一聋人手语小品中，手语表达者为A张鹏，B李俊鹏，C李磊，D胡晓云，E刘欢。小品的主要内容为：

C和妻子E在家玩手机时，C接到爸妈要来家的信息，正和E商量着家里没菜怎么办，发现门铃闪动，爸爸A和妈妈D因为按了较久的门铃，有点不耐烦了。C开门后，遭到A的抱怨。C和E将A和D迎进门，互相问候后，E去倒水，A关心E有没有怀孕，C答已经怀孕三个月，A和D叮嘱C要呵护好E。E洗好菜，C去炒菜。A和D高兴地计算着孩子出生的时间大概在九月。E端菜上桌，A和D叮嘱E怀孕初期不要过度劳作，注意休息，又向E确定了孩子出生时间在九、十月份，D热心地表示要提前准备一下。C把菜炒好，请大家开始吃饭。A和D心疼儿子炒菜太多太辛苦。

A 又问起大儿子 B 几时来，E 和 C 答还有 10 分钟。A 和 D 抱怨 B 忙于工作没有找女朋友。B 来后，A 和 D 又当面抱怨 B 没有找女朋友，B 答工作忙要理解他，他收到信息就放下工作赶过来了，吃完饭还得赶回去上班。D 叮嘱 B 注意身体，赶紧找女朋友，B 表示要先忙事业。E 和 C 张罗着大家开饭。B 给 A 倒酒，D 叮嘱 A 少喝酒。B 祝贺 E 有孕，A 和 D 又催B 赶紧谈女朋友结婚。E 说吃饱了，D 劝 E 多吃点保证 2 个人的营养。E 关心 A 和 D 的身体，A 和 D 表示身体还挺好，只是现在很寂寞，急着抱孙子呢。D 又希望 E 给 B 介绍女朋友，认为 B 宅着忙工作，连女孩都碰不到。B 劝 D 放心，自己长得帅，等升职后有时间再谈女朋友，收入稳定，幸福才能长久。A 和 D 还是希望 B 早点相亲，不要错过好女孩。吃完饭，B 主动要求送 A 和 D 回去，D 夸 C 菜做得好吃。A 和 D 又叮嘱 C 多干活，照顾好 E。B 临走还打趣 C 和 E 多生几个孩子。送走父母和兄长，C 向 E 承诺以后不玩游戏，照顾好她。E 见公婆对自己满意，老公对自己体贴，十分开心。

3.1 什么是指示语

指示语(deixis , indexical , indexical epression)是语用学的一个重要议题，指在语境中才能确定其所指对象或所指信息的词语或结构。其来自希腊语，意思是用语言进行"指点"（ pointing ）或"标示"（ indicating ）（何自然等，2009 ）。

有声语言中，指示语是日常言语交际中十分常见的现象。语言哲学家巴尔 – 希列尔（ Bar-Hillel ）曾指出，指示及指示性是自然语言固有的、不可避免的特性；人们所讲的 90% 以上的陈述句都包括说话人、听话人、时间、地点等的指示信息（何自然等，2009 ）。汉语中如"我"与"你"、"今天"与"昨天"、"这个"与"那个"、"这里"与"那里"等，英语中如 I 与 you，today 与 yesterday，this 与 that，here 与 there 等，只有获悉其指示内容后，才能完整理解话语意义。例如：

【例 3-1 】

我困了。

【例 3-2 】

明天我去那里等你。

【例 3-3 】

等一下就轮到他了。

例 3-1、3-2 的理解需知道说话人是谁、什么时候说的；例 3-2 的理解还需知道"明天"所指的时间信息,以及"那里"表示的地点信息;例3-3的理解,除了时间信息以外,还需知道"他"指的是谁。可见,此处的"我"、"明天"、"那里"、"等一下"、"他"都涉及字面意义以外的语境指示信息,它们都是具有指示功能的语言形式,因此通称为"指示语",包括指示代词、人称代词、物主代词、时态、某些情态助动词和表示移动的动词、时间和地点副词、某些称谓,以及在特定语境中表示事物和人的社交关系的词语或结构(何自然等,2009)。

聋人手语是一种视觉语言,指示语是聋人日常言语交际中更为常见的现象。聋人手语大多数话语中包括了打手语人、看手语人、时间、地点等的指示信息,并只有获悉其指示内容后,才能完整理解话语意义。例如:

【例3-4】

她年轻。

——选自《聋人子女教育》

她   年轻

图3-1 例3-4手语示图

例3-4是聋人手语语例《聋人子女教育》中的一句。《聋人子女教育》是李磊、胡晓云与刘欢表达的一段手语对话,这句话的打手语人为李磊。我们来分析这句话的手形、朝向、位置、动作,相应的表情、姿势,以及表达的意义,具体见表3-1:

表3-1　例3-4手语分析

汉语转写	手形	朝向	位置	动作	表情	姿势	表达的意义
她	右手伸食指，全屈其余四指。	右手掌心向内，食指尖向左。	胸部	右手指向左。	吃惊	身体稍右倾	用右手食指指向身体左侧"她"的位置，表达"她"。
年轻	右手伸掌。	右手掌心向内，指尖向左。	头部	右手掌指尖抵于颊部，左右微移。	吃惊	身体稍右倾	用右手置于颊部左右微移，模拟年轻男子没有胡须状，表达"年轻"。

【例3-5】

那，聋人都去的，有名。

——选自《买车》

那+聋人①　　　那+聋人②

都去　　　　　有名

图3-2　例3-5手语示图

例3-5是聋人手语语例《买车》中的一句。《买车》是张鹏、李磊与胡晓云表达的一段手语对话，这句话的打手语人为张鹏。我们来分析这句话的手形、朝向、位置、动作，相应的表情、姿势，以及表达的意义，具体见表3-2：

表 3-2 例 3-5 手语分析

汉语转写	手形	朝向	位置	动作	表情	姿势	表达的意义
那	左手伸食指,全屈其余四指。	左手掌心向右,食指尖向左前。	胸部	左手伸食指静置于胸前。	感慨	身正	用左手食指指向左前,表达上文提及的地方,即"那"。
聋人	右手伸小指,全屈其余四指。	右手掌心向后,小指尖向脸右侧。	头部	右手伸小指先置于靠近耳的脸部,再置于靠近口的额部。	感慨	身正	用右手小指指向耳朵与口(手语表达快时,指的位置会略有偏差),表达耳与口有障碍的"聋人"。
都去	双手伸掌,五指分开。	双手掌心向下;右手指尖向左前,左手指尖向右前。	胸部头部	双手伸掌置于胸前,向前上方移动。	感慨	身正	用双手掌心朝下、指尖向前,自内向外移动,表达大家"都去"。
有名	右手伸中、无名、小指,全屈其余二指。	右手掌心向后;右手中、无名、小指的指尖向右耳。	头部	右手中、无名、小指在右耳处点动二下。	感慨	身正	用右手伸中、无名、小指,表达"名字";将"名字"置于耳部,表达"名声大"。

【例 3-6】

现在我头疼什么?

——选自《聋人子女教育》

现在   我

头疼   什么

图 3-3 例 3-6 手语示图

语用学视角下的聋人手语研究

例3-6 也是聋人手语语例《聋人子女教育》中的一句。这句话的打手语人为李磊。我们来分析这句话的手形、朝向、位置、动作，相应的表情、姿势，以及表达的意义，具体见表3-3：

表3-3　例3-6手语分析

汉语转写	手形	朝向	位置	动作	表情	姿势	表达的意义
现在	双手伸掌，五指微分开。	双手掌心向上；右手指尖向左前，左手指尖向右前。	胸部	双手掌心向上、置于胸前，向下微动二下。	烦恼	身体微前倾	用双手掌心向上，在胸前向下微动二下，表达"现阶段"。
我	右手伸食指，全屈其余四指。	右手掌心向内，食指尖向内。	胸部	右手食指尖贴于胸部。	烦恼	身体微前倾	用右食指指向自己，表达"我"。
头疼	右手伸食指，全屈其余四指。	右手掌心向内，食指尖向内。	头部	右手食指尖贴于眉心处。	烦恼	身体微前倾	用右手食指尖贴于眉心，配以烦恼表情，表达"头疼"。
什么	右手伸食指，全屈其余四指。	右手掌心向外，食指尖向上。	胸部	右手置于胸前左右微晃几下。	烦恼	身体微前倾	用右手食指左右微晃几下，表达"疑问"。

例3-4至例3-6所示的聋人手语，同样需要获悉其指示内容，才能完整理解话语意义。例3-4的理解需知道"她"指的是谁。例3-5的理解需知道"那"所表示的地点信息。例3-6的理解需知道说话人是谁，"现在"所指的时间信息。可见，这三个例句的"她""那""我""现在"都涉及字面意义以外的语境指示信息，它们也都是具有指示功能的语言形式，因此也都是"指示语"。

在特定语境中我们需要知道说话的时间、地点等指示信息，但重要的是，说话人希望通过某一话语传递什么交际用意。如例3-1，说话人仅在陈述"我困了"吗？是否暗示对方赶紧结束现在的活动去睡觉？因此在对聋人手语进行指示语描写时我们同样需要考虑说话人的意图或交际用意，这点手语和有声语言也是一致的。如例3-4，打手语人仅在陈述"她年轻"吗？是否暗示希望看手语人引荐一下？

指示语按语义指向，大致有五种类型：人称指示（personal deixis）、时间指示（time deixis）、空间指示（spatial deixis）、话语指示（discourse deixis）和社交指示（social deixis）（梁燕华，2013）。

3.2 人称指示

人称指示（personal deixis），有声语言中是指言语交际中用以表示说话人、听话人或第三者的词语或结构，可分为三类：第一人称指示语，包括说话人（如汉语中的"我"、"我们"、"咱们"等），也可能包括听话人（如汉语中的"我们"、"咱们"等）；第二人称指示语，包括听话人（如汉语中的"你"、"您"、"你们"等）；第三人称指示语，既不包括说话人也不包括听话人（如汉语中的"他"、"她"、"他们"、"她们"、"那些人"、"有人"等），因此在言语活动中，它一般不是交际的直接参与者，但在特定语境中可用来借指说话人或听话人（如汉语中的"有人"、"有些人"等）（何自然等，2009）。

聋人手语与有声语言都是语言，人称指示必然有一致性。但因二者表达方式不同，即聋人手语会话中的打手语人主要以手进行表达，有声语言会话中的说话人主要以口进行表达，所以二者表达人称指示更有差异性。

3.2.1 独立表达与蕴含表达

3.2.1.1 独立表达

聋人手语中，人称指示的独立表达，即言语交际中，打手语人直接用手指向所要表示的打手语人、看手语人或第三者。在有声语言的言语交际中，说话人也常常以手势辅助口语，直接用手指向所要表示的说话人、听话人或第三者。因此，聋人手语中，人称指示的独立表达与有声语言的人称指示的手势辅助是比较一致的。如以下几例：

【例 3-7】

我是杭州人。

——选自《手语基础教程》（郑璇，2015）

我　　　　　籍贯①

籍贯②　　　　杭州

图 3-4　例 3-7 手语示图

例 3-7 是节选自《手语基础教程》中的聋人手语语例。这句话的手语分析，包括手形、朝向、位置、动作，相应的表情、姿势，以及表达的意义，具体见表 3-4：

表 3-4　例 3-7 手语分析

汉语转写	手形	朝向	位置	动作	表情	姿势	表达的意义
我	右手伸掌，五指微分开。	右手掌心向内，指尖向左。	胸部	右手伸掌贴于胸部。	礼貌微笑	身正	用右手掌指向自己，表达"我"。
籍贯	①右手屈五指。②右手伸五指，五指分开。	手形①右手掌心向上，右手指尖相抵。手形②右手掌心向上，右手指尖向斜上。	肩部至头部	手形①自肩部向上移动变为手形②。	礼貌微笑	身正	用右手屈五指、指尖相抵，边向上移动边张开五指，表达"籍贯"。
杭州	右手微屈五指，五指微分开。	右手掌心向左，指尖向左。	头部	右手微屈五指，腕轻贴右太阳穴几下。	礼貌微笑	身正	此为当地手语表达。

【例 3-8】

最近看到你手机的微信。

——选自《跟团游与自助游》

现在　　　　　最近　　　　　看看手机

你　　　　　手机

微-信①   微-信②

图 3-5　例 3-8 手语示图

例 3-8 是聋人手语语例《跟团游与自助游》中的一句。《跟团游与自助游》是李俊鹏与李磊表达的一段手语对话，这句话的打手语人为李磊。这句话的手语分析，包括手形、朝向、位置、动作，相应的表情、姿势，以及表达的意义，具体见表 3-5：

表 3-5　例 3-8 手语分析

汉语转写	手形	朝向	位置	动作	表情	姿势	表达的意义
现在	双手伸掌，五指微分开。	双手掌心向上；右手指尖向左前，左手指尖向右前。	胸部	双手掌心向上，向下微移。	好奇	身正	用双手掌心向上，向下微移表达"现在"。
最近	双手拇指尖捏食指尖，全屈其余三指。	双手掌心向内，拇、食指尖向内。	胸部	双手拇指尖捏食指尖；双手拇、食指尖轻碰。	好奇	头微低	用拇指尖捏食指尖表达"程度轻"；用双手拇、食指尖轻碰表达"距离近"。
看手机	左手伸掌，拇指与食指相对；右手伸食、中指，微分开，全屈其余三指。	左手掌心向上，指尖向右；右手掌心向下，食、中指尖向外。	胸部	左手静置于胸前；右手置于左手上方，向下微移。	好奇	头微低	用左手伸掌，拇指与食指相对，模拟"持手机"状，表达"手机"；用右手伸食、中指微分开置于左手上方，向下微移，表达"目光看向手机"。
你	右手伸食指，全屈其余四指。	右手掌心向左，食指尖向外。	胸部	右手食指置于胸前、指向前方。	好奇	头微低	用右手食指指向看手语人，表达"你"。

30

汉语转写	手形	朝向	位置	动作	表情	姿势	表达的意义
手机	右手伸拇、小指，全屈其余三指。	右手掌心向内，拇、小指尖向上	头部	右手伸拇、小指置于头右侧。	好奇	头微低	用右手拇、小指模拟电话听筒外形，置于头侧模拟打电话状，表达"手机"。
微信	左手伸五指，拇指与食指相对呈半框形；右手伸食、中、无名指，全屈其余二指。	左手掌心向左，指尖向外。右手，①掌心向左，指尖向上；②掌心向右下，指尖向下。	头部至胸部	左手置于左胸前。右手朝向①置于头前；右手转动手腕成朝向②置于左手半框内。	吃惊	头微低	用右手伸食、中、无名指表达"微"的首字母"W"；用右手"W"置于左手半框内表达"信"。

【例 3-9】

我有一个朋友，他在干什么呢？

——选自《过年旅游行不行》

我　　　有　　　一

个　　　朋友　　　他

在　　　干　　　什么

图 3-6　例 3-9 手语示图

例 3-9 是聋人手语语例《过年旅游行不行》中的一句。《过年旅游行不行》是张鹏、李俊鹏与李磊表达的一段手语对话，这句话的打手语人为张鹏。这句话的手语分析，包括手形、朝向、位置、动作，相应的表情、姿势，以及表达的意义，具体见表 3-6：

表 3-6　例 3-9 手语分析

汉语转写	手形	朝向	位置	动作	表情	姿势	表达的意义
我	左手伸食指，全屈其余四指。	左手掌心向内，食指尖向内。	胸部	左手食指尖贴于胸部。	好奇	身正	用左手食指指向自己表达"我"。
有	左手伸拇、食指，全屈其余三指。	左手掌心向内，拇、食指尖向上。	头部	左手食指向内微弯动二下。	好奇	身正	用左手伸拇、食指，食指向内微弯动几下表达"有"。
一	左手伸食指，全屈其余四指。	左手掌心向内，食指尖向上。	头部	左手伸食指静置于头前。	好奇	身正	用左手食指表达数量"1"。
个	左手伸拇、食指张开，全屈其余三指；右手伸食指，全屈其余四指。	左手掌心向下，拇、食指尖向右；右手掌心向下，食指尖向左。	胸部	右手食指置于左手拇、食指张开的虎口中。	好奇	身正	用左手拇、食指与右手食指组合表达汉字"个"。
朋友	双手伸拇指，全屈其余四指。	双手掌心相对，拇指尖向上。	胸部	双手伸拇指、掌心相对，以腕部与四指互碰几下。	好奇	身正	用双手伸拇指表达二个人；用双手腕部与四指互碰表达二人是关系近的"朋友"。

汉语转写	手形	朝向	位置	动作	表情	姿势	表达的意义
他	右手伸食指，全屈其余四指。	右手掌心向左，食指尖向外。	头部	右手指向头右侧前方。	好奇	头转向右方	用右手食指指向在场的第三者，头同时转向在场的第三者，表达"他"。
在	左手伸掌，五指微屈；右手伸拇、小指，全屈其余三指。	左手掌心向上，指尖向右；右手掌心向内，拇指尖向上、小指尖向左。	肩部至胸部	左手置于胸前；右手由身体右肩前移至胸前，右手小指侧贴于左手掌心。	好奇	头转向右方	用右手伸拇、小指置于左手掌心表达"在"。
干	左手伸食、中指，全屈其余三指；右手伸食指，全屈其余四指。	左手掌心向内，食、中指尖向右上；右手掌心向外，食指向左上。	胸部	左手置于胸前；右手食指尖先贴于左手食指内侧中部，再向下移动。	好奇	头转向右方	用左手食、中指与右手食指组合表达汉字"干"。
什么	右手伸食指，全屈其余四指。	右手掌心向外，食指尖向上。	胸部	右手伸食指左右微晃几下。	好奇	身正	用右手食指左右微晃几下表达"疑问"。

由例3-7至例3-9可见，例3-7的"我"、例3-8的"你"、例3-9的"我"与"他"，都是打手语人直接以左手或右手独立进行指示的。"我"是第一人称指示语，打手语人以一手掌（如例3-7）或一手食指（如例3-9）直接指向自己，"你"是第二人称指示语，打手语人一般以一手食指直接指向看手语人，"他"是第三人称指示语，是打手语人和看手语人之外的第三者，例3-9中"他"在场，打手语人以一手食指直接指向这位第三者。

3.2.1.2　蕴含表达

聋人手语中，人称指示除了独立表达，还常常会蕴含在其他手语词汇中，这是聋人手语作为视觉语言进行空间表达所特有的，与有声语言具有很大的差异性。

（1）数词中蕴含

聋人手语，常常不单独表达人称指示，而将其蕴含于数词中，如以下几例：

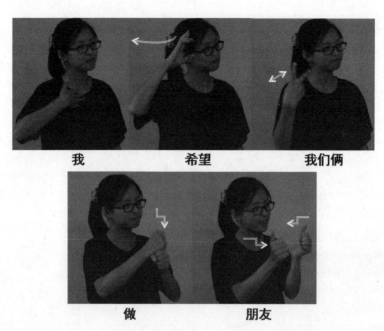

我　　　　　希望　　　　我们俩

做　　　　　　朋友

图 3-7　例 3-10 手语示图

【例 3-10】

我真希望能和她成为朋友。

——选自《手语基础教程》（郑璇，2015）

　　例 3-10 是节选自《手语基础教程》中的聋人手语语例。这句话的手语分析，包括手形、朝向、位置、动作，相应的表情、姿势，以及表达的意义，具体见表 3-7：

表 3-7　例 3-10 手语分析

汉语转写	手形	朝向	位置	动作	表情	姿势	表达的意义
我	右手伸掌，五指微分开。	右手掌心向内，指尖向左。	胸部	右手伸掌，贴于胸部。	礼貌微笑	身正	用右手掌指向自己，表达"我"。
希望	右手食、中指相搭，稍屈其余三指。	右手掌心向外，食、中指尖向上。	头部	右手食、中指相搭，中指尖先贴于右太阳穴处，再向右移动。	礼貌微笑	头向右微倾	用右手食、中指相搭表达希的首字母"X"；用右手中指尖自右太阳穴处向右移动表达打手语人的"希望"。

汉语转写	手形	朝向	位置	动作	表情	姿势	表达的意义
我们俩	右手伸食、中指，二指分开，全屈其余三指。	右手掌心向内，食、中指尖向上。	肩部	右手伸食、中指置于右肩前，中指靠近自己，食指靠外侧，内外移动几下。	礼貌微笑	身正	用右手中指指向自己表达“我”；右手食指指向外侧表达并不在场的“她”；右手在“我”和“她”之间移动几下，表达“我们俩”。
做	双手握拳。	双手掌心向内，拇指在上。	胸部	左拳静置于胸前，右拳击打几下左拳虎口。	礼貌微笑	身正	用右拳击打几下左拳，表达“做”。
朋友	双手各伸拇指，全屈其余四指。	双手掌心相对，拇指尖向上。	胸部	双手伸拇指，以腕部与四指互碰几下。	礼貌微笑	身正	用双手伸拇指表达二个人；用双手腕部与四指互碰表达二人是关系近的“朋友”。

【例 3-11】

你俩舒服啊，放假时间够长。

——选自《过年旅游行不行》

图 3-8　例 3-11 手语示图

例 3-11 也是聋人手语语例《过年旅游行不行》中的一句。这句话的打手语人为李俊鹏。这句话的手语分析，包括手形、朝向、位置、动作，相应的表情、姿势，以及表达的意义，具体见表 3-8：

表 3-8　例 3-11 手语分析

汉语转写	手形	朝向	位置	动作	表情	姿势	表达的意义
你俩	右手伸食、中指，二指分开；全屈其余三指。	右手掌心向内，食、中指尖向斜上。	胸部	右手伸食、中指置于胸前，左右移动几下。	羡慕	身正	用右手食、中指指向二位看手语人，并在二人间移动几下表达"你俩"。
舒服	右手伸掌，五指微分开。	右手掌心向内，指尖向左。	胸部	右手掌贴于胸部顺时针移动。	羡慕	身正	用右手掌贴于胸部顺时针移动表达感觉很"舒服"。
放假	①双手五指微屈分开。②双手五指伸直微分开。	手形①双手掌心向内,指尖向内。手形②左手掌心向右下，指尖向前；右手掌心向左下，指尖向前。	胸部	双手掌由手形①转动手腕向外甩出，变为手形②。	羡慕	身正	用双手掌心向内、指尖向内置于胸前；双掌转动手腕向外甩出，表达"结束了"，即"放假"。
时间长	双手伸掌，五指微分开。	左手掌心向右，指尖向前；右手掌心向下，指尖向前。	胸部	右手拇指尖轻触左手掌心；右手向右移动。	羡慕	身正	用右手拇指尖轻触左手掌心模拟钟表的钟表面与指针形状，表达"时间"；用右手向右移动表达"时间长"。
够	右手伸掌，拇指腹与食指腹相对。	右手掌心向左下，拇指尖向左，其余四指尖向左上。	胸部	右手伸掌，拇指腹与食指腹相对，虎口贴向左胸几下。	羡慕	身正	用右手拇指腹与食指腹相对，虎口贴向左胸几下表达"足够了"。

【例 3-12】

现在我们仨去吃饭。

——选自《手语基础教程》(郑璇，2015)

现在　　　　　　　　我们仨

去　　　　　　　　吃饭

图 3-9　例 3-12 手语示图

例 3-12 是节选自《手语基础教程》中的聋人手语语例。这句话的手语分析，包括手形、朝向、位置、动作，相应的表情、姿势，以及表达的意义，具体见表 3-9：

表 3-9　例 3-12 手语分析

汉语转写	手形	朝向	位置	动作	表情	姿势	表达的意义
现在	双手伸掌。	双手掌心向上；右手指尖向左，左手指尖向右。	胸部	双手伸掌置于胸前，向下微移。	热情	身正	用双手掌置于胸前，向下微移，表达"现在"。
我们仨	右手伸中、无名、小指，全屈其余二指。	右手掌心向内，中、无名、小指尖向上。	胸部	右手伸中、无名、小指，在胸前依次指向自己和二位看手语人。	热情	身正	用右手伸中、无名、小指表达数量"三"；"三"手形依次指向自己和二位看手语人表达"我们仨"。

汉语转写	手形	朝向	位置	动作	表情	姿势	表达的意义
去	右手伸中、无名、小指，全屈其余二指。	右手掌心向内，中、无名、小指尖向上。	胸部	右手伸中、无名、小指，向左侧移动。	热情	身正	用"三"手形向左移动表达三人一起"去"。
吃饭	双手伸掌。	左手掌心向上，指尖向右；右手掌心向内，指尖向左。	胸部头部	左手静置胸前；右手指尖对着口部移动一下。	热情	身正	用左手掌模拟端碗状，右手掌指尖对着口移动一下模拟吃饭状，表达"吃饭"。

由例 3-10 至例 3-12 的图与表可见，例 3-10 的"我们俩"，例 3-11 的"你俩"，例 3-12 的"我们仨"，就都是将人称指示蕴含在了数词"二"或"三"中。表达方式为一手打出数词，并将数词指向所指示的人。所指示的人可以是打手语人、看手语人，也可以是在场或不在场的第三者，即：

例 3-10 以数词"二"来回指向打手语人和不在场的第三者，表达"我们俩"。

例 3-11 以数词"二"来回指向二位看手语人，表达"你俩"。

例 3-12 以数词"三"依次指向打手语人和二位看手语人，表达"我们仨"。

将人称指示蕴含于"数词"中，这是手语这一视觉空间语言所特有的，使得手语表达简洁、直观，看手语人易于理解。

（2）动词中蕴含

聋人手语中，人称指示还常常蕴含于动词中，不需要单独表达，如以下几例：

【例 3-13】

以后我们俩互相帮助！

——选自《手语基础教程》（郑璇，2015）

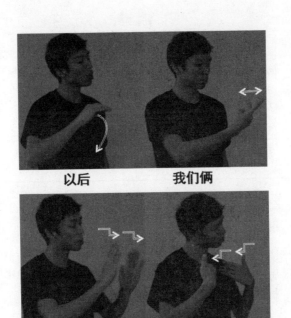

以后　　　　　我们俩

我帮你　　　　　你帮我

图 3-10　例 3-13 手语示图

　　例 3-13 是节选自《手语基础教程》中的聋人手语语例。这句话的手语分析，包括手形、朝向、位置、动作，相应的表情、姿势，以及表达的意义，具体见表 3-10：

表 3-10　例 3-13 手语分析

汉语转写	手形	朝向	位置	动作	表情	姿势	表达的意义
以后	右手伸掌，五指微屈。	右手掌心向斜下，指尖向前。	胸部	右手伸掌置于右胸前，向下移动一下。	真诚	身正	用右手掌置于右胸前，向下移动一下，表达"将来"。
我们俩	右手伸食、中指，二指分开，全屈其余三指。	右手掌心向内，食、中指尖向上。	胸部	右手置于胸前，中指靠近自己，食指靠外侧，内外移动几下。	真诚	身正	用右手中指指向自己表达"我"；右手食指指向看手语人表达"你"；用右手在打手语人和看手语人之间移动几下，表达"我们俩"。

汉语转写	手形	朝向	位置	动作	表情	姿势	表达的意义
我帮你	双手伸掌。	双手掌心向外，指尖向上。	胸部	双手掌向外微微按动几下。	真诚	身正	用双手掌向看手语人微微按动几下表达"我帮你"。
你帮我	双手伸掌，微屈。	双手掌心向内，指尖向内。	胸部	双手掌向内微微按动几下。	真诚	身正	用双手掌向自己微微按动几下表达"你帮我"。

如例 3-13 的图与表所示，动词"帮"，双手伸掌，当掌心朝向看手语人，并由打手语人向看手语人移动，即表达"我帮你"；相反，双手掌心朝向打手语人，并由看手语人向打手语人移动，即表达"你帮我"。这里的人称指示"我"与"你"都没有独立表达，而是蕴含在动词"帮"中。

【例 3-14】

我是王老师，负责教你们数学。

——选自《手语基础教程》)（郑璇，2015)

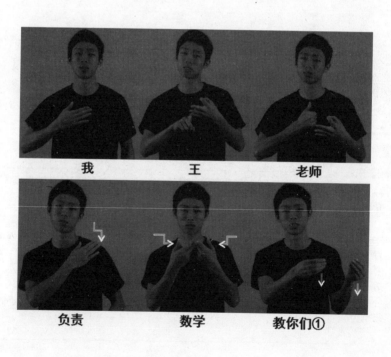

我　　　　　王　　　　　老师

负责　　　　数学　　　　教你们①

教你们②　　　　教你们③

图 3-11　例 3-14 手语示图

例 3-14 也是节选自《手语基础教程》中的聋人手语语例。这句话的手语分析，包括手形、朝向、位置、动作，相应的表情、姿势，以及表达的意义，具体见表 3-11：

表 3-11　例 3-14 手语分析

汉语转写	手形	朝向	位置	动作	表情	姿势	表达的意义
我	右手伸掌。	右手掌心向内，指尖向左。	胸部	右手掌贴于胸部。	真诚	身正	用右手掌指向自己，表达"我"。
王	左手伸中、无名、小指，全屈其余二指；右手伸食指，全屈其余四指。	左手掌心向内，中、无名、小指尖向右；右手掌心向外，食指尖向左上。	胸部	右手食指内侧贴于左手中、无名、小指内侧中部，右手食指尖不超出左手中指。	真诚	身正	用右手食指与左手中、无名、小指组合，模拟汉字"王"。
老师	右手伸拇指，全屈其余四指。	右手掌心向内，拇指尖向上。	胸部	右手伸拇指，贴于胸前。	真诚	身正	用右手伸拇指贴于胸前表达受尊敬的"老师"。
负责	右手伸掌。	右手掌心向内，指尖向左上。	肩部	右手掌轻拍左肩几下。	真诚	身正	用右手掌轻拍左肩，表达"肩负的责任"。
数学	双手伸五指，微屈分开。	双手掌心向内，指尖向内上。	胸部	双手的食、中、无名、小指指背互碰几下。	真诚	身正	用双手指背互碰模拟数学计算状，表达"数学"。

汉语转写	手形	朝向	位置	动作	表情	姿势	表达的意义
教你们	双手屈食、中、无名、小指根，拇指腹与食、中指腹相捏。	双手掌心向内；右手指尖向左；左手指尖向右。	胸部	双手置于胸前的左侧、中间与右侧各一次，每一次都同时由内向外转动手腕一下。	真诚	身正	用双手屈四指根，拇指腹与食、中指腹相捏，向外转动一下手腕，表达"我教你"。用双手置于胸前的左侧、中间与右侧各打一次"我教你"，表达"我教你们"。

如例 3-14 的图与表所示，动词"教"，双手屈四指根，拇指腹与食、中指腹相捏，向外转动一下手腕，即表达"我教你"；反复将"我教你"指向不同的看手语人，即表达"我教你们"。这里的人称指示"我"与"你们"没有独立表达，而是蕴含在动词"教"中。

【例 3-15】

我已经吃得够多了，很饱了，别再给我夹菜了。

——选自《手语基础教程》)（郑璇，2015）

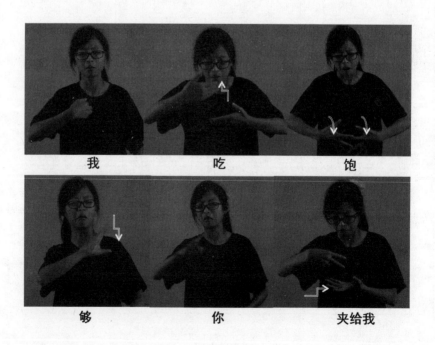

我　　　　　　吃　　　　　　饱

够　　　　　　你　　　　　　夹给我

不

图 3-12　例 3-15 手语示图

　　例 3-15 也是节选自《手语基础教程》中的聋人手语语例。这句话的手语分析，包括手形、朝向、位置、动作，相应的表情、姿势，以及表达的意义，具体见表 3-12：

表 3-12　例 3-15 手语分析

汉语转写	手形	朝向	位置	动作	表情	姿势	表达的意义
我	右手伸食指，全屈其余四指。	右手掌心向内，食指尖向内。	胸部	右手食指尖贴于胸部。	推拒	身正	用右手食指指向自己，表达"我"。
吃	双手伸掌。	左手掌心向上，指尖向右；右手掌心向内，指尖向左。	胸部头部	左手置于胸前；右手指尖对着口部移动几下。	推拒	头微低	用左手掌模拟端碗状，右手掌指尖对着口移动几下模拟吃饭状，表达"吃饭"。
饱	双手伸掌，五指分开。	双手掌心向内，右手指尖向左，左手指尖向右。	腹部	双手掌心贴于腹部后向外稍移。	推拒	头微低	用双手掌心贴于腹部后向外稍移，模拟肚子饱了鼓起状，表达"很饱"。
够	右手伸掌，拇指腹与食指腹相对。	右手掌心向左下，拇指尖向左，其余四指尖向左上。	胸部	右手虎口贴向左胸几下。	推拒	身正	用右手拇指腹与食指腹相对，虎口贴向左胸几下表达"足够了"。
你	右手伸食指，全屈其余四指。	右手掌心向左，食指尖向前。	胸部	右手食指指向前方。	推拒	身正	用右手食指指向看手语人表达"你"。

汉语转写	手形	朝向	位置	动作	表情	姿势	表达的意义
夹给我	左手掌五指微分开、微屈；右手伸食、中指，二指分开，全屈其余三指。	左手掌心向上，指尖向右上；右手掌心向内，食、中指尖向左。	胸部	左手掌置于胸前；右手食、中指自外向左手掌心移动几下。	推拒	头微低	用左手掌模拟端碗状，右手食、中指模拟持筷子夹菜状，右手"持筷子"自外向左手的"碗"里移动几下表达"你夹菜给我"多次。
不	右手伸掌，五指分开。	右手掌心向外，指尖向上。	胸部	右手臂伸直，晃动右手掌。	推拒	头微扬	用右手臂伸直，晃动右手掌表达推拒"不"。

如例 3-15 的图与表所示，动词"夹"，右手的食指与中指伸直分开，模拟持筷子夹菜状；左手掌心朝上微屈置于胸前，模拟端碗状；右手"持筷子"自外向左手我的"碗"里移动几下，即表达你"夹菜给我"多次。这里的人称指示"我"没有独立表达，而是蕴含在动词"夹"的方位变化中。

【例 3-16】

我想问你一个问题。

——选自《手语基础教程》（郑璇，2015）

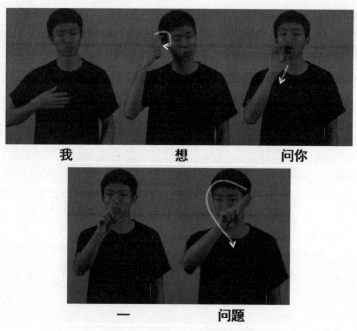

图 3-13　例 3-16 手语示图

例 3–16 也是节选自《手语基础教程》中的聋人手语语例。这句话的手语分析，包括手形、朝向、位置、动作，相应的表情、姿势，以及表达的意义，具体见表 3–13：

表 3–13　例 3–16 手语分析

汉语转写	手形	朝向	位置	动作	表情	姿势	表达的意义
我	右手伸掌。	右手掌心向内，指尖向左。	胸部	右手掌贴于胸部。	困惑	身正	用右手掌指向自己，表达"我"。
想	右手伸食指，全屈其余四指。	右手掌心向左，右手指尖向左。	头部	右手食指尖在右太阳穴处转一圈。	困惑	身正	用右手食指尖在右太阳穴处转一圈表达"思考"、"想"。
问你	右手五指稍屈、略分开。	右手掌心向左前，指尖向左前。	头部	右手五指稍屈、略分开，置于口前，向外移动一下。	困惑	身正	用右手五指稍屈、略分开，掌心朝外、置于口前，向着看手语人移动，表达"问你"。
一	右手伸食指，全屈其余四指。	右手掌心向外，食指尖向上。	头部	右手伸食指置于头前。	困惑	身正	用右手食指表达数量"1"。
问题	右手伸食指，全屈其余四指。	右手掌心向外，食指尖向上。	头部	右手食指在头前划一个问号。	困惑	身正	用右手食指划一个问号表达"问题"。

由例 3–16 的图与表可见，动词"问"，用右手五指稍屈、略分开，掌心朝外、置于口前，向着看手语人移动，表达"问你"。这里的人称指示"你"也没有独立表达，而是蕴含在动词"问"中。

由例 3–13 至例 3–16 可见，聋人手语中，人称指示常常蕴含于动词中，动词表达时移动的方向与人称指示结合在一起，移动方向为打手语人到看手语人（或在场、不在场的第三者），即表达"我 + 动词 + 你（你们、他、她、它、他们、她们、它们）"，移动方向为看手语人（或在场、不在场的第三者）到打手语人，即表达"你（你们、他、她、它、他们、她们、它们）+ 动词 + 我"。

将人称指示蕴含于"动词"中，这也是手语这一视觉空间语言所特有的，使得手语表达简洁、直观，看手语人易于理解。

第三章　聋人手语指示研究

3.2.2 看手语人无需相应变换人称指示

有声语言中，人称指示语是以说话人为基础的，听话人理解话语时自然要对人称指示作相应的变换，这已成为一条交际的准则（何自然等，2009）。例如，一则妻子和丈夫的微信文字留言：

【例 3-17】

妻子：下雨了，你来接我吧，把我的雨鞋带过来。

丈夫：好，马上！

例 3-17 中，丈夫看到妻子的短信，自然会对人称指示作相应的变换，"你"是指丈夫自己，"我"是指妻子，"我的雨鞋"是指妻子的雨鞋。

聋人手语中，人称指示语因是以打手语人的手的实际指示来表示的，看手语人理解话语时一般不需要对人称指示作相应的变换。如例 3-17 中，如果是聋人妻子给丈夫的手语视频留言，妻子表达"我"时手会指向自己，表达"你"时，手会指向手机；丈夫看视频留言，不需要对人称指示进行相应的变换。

3.3 时间指示

时间指示（time deixis）就是交际中会话双方用话语传递信息时所涉及的时间信息。有声语言中，时间指示常以说话人的说话时刻为依据（何自然等，2009）。聋人手语交际中，打手语人和看手语人用话语传递信息时也常常涉及时间信息，时间指示也是以打手语人的打手语时刻为依据的。

3.3.1 根据语境确定指示的时间信息

有声语言中，由于语境不同，说话人使用时间指示语表达的指示信息也不一样。英语中，要准确理解时间指示信息，必须考虑到说话人使用的是哪一类时间指示、在什么场合、用什么时态的动词来配合等。与英语相比，汉语中的时间指示更复杂，因为时间信息的体现方式更多，除了直接表示时间指示信息的时间副词或结构以外，在缺少时间副词的情况下时间指示信息则是通过一些常见的助词（比如"过"、"了"等）体现的，另外"曾经"、"已经"也是常见的时间指示词语。一般情况下时间副词"今天"指说话当天，"现在"表示说话时刻，"昨天"表示说话的前一天，同样"上

个月"指说话的前一个月，而"下周"指说话之后的周。但在具体的交际
语境中，它们所指示的时间信息并非如此，有时具有时间所指的不确定性
（何自然等，2009）。

聋人手语交际中，在具体的交际语境中，时间指示语所指示的时间信
息也同样具有时间所指的不确定性。如前文所述的例3-6、例3-8、例3-12
（参阅3.1 什么是指示语与3.2 人称指示）：

【例3-6】

现在我头疼什么？

——选自《聋人子女教育》

图3-3 例3-6手语示图

如图3-3所示，例3-6中的以双手伸掌，掌心向上，指尖相对，双
掌向下微动几下，表示"现在"，结合《聋人子女教育》的语境，指示的
时间信息是现阶段。

【例3-8】

最近看到你手机的微信。

——选自《跟团游与自助游》

现在　　　　　　　最近　　　　　　看手机

你　　　　　　　　手机

微-信①　　　　　　微-信②

图 3-5　例 3-8 手语示图

如图 3-5 所示，例 3-8 中同样以双手伸掌，掌心向上，指尖相对，双掌向下微顿，表示"现在"，结合《跟团游与自助游》的语境，指示的时间信息是最近几天。

【例 3-12】

现在我们仨去吃饭。

——选自《手语基础教程》（郑璇，2015）

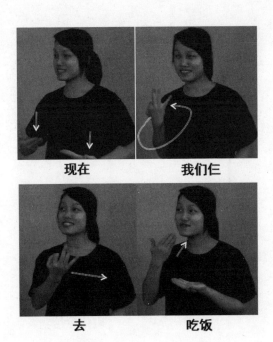

现在　　　　　我们仨

去　　　　　吃饭

图 3-9　例 3-12 手语示图

　　如图 3-9 所示，例 3-12 中同样以双手伸掌，掌心向上，指尖相对，双掌向下微顿，表示"现在"，结合《手语基础教程》中会话《介绍新朋友》的语境，指示的时间信息是此时此刻。

　　由例 3-6、例 3-8、例 3-12 可见，同样是时间指示语"现在"，语境不同，所指示的时间信息有所不同，可以表示言语行为的期间，也可以表示瞬间，存在着所指示的时间信息的长短问题。因此，聋人手语时间指示的确定同样需要特定的语境条件。

3.3.2　表示过去和将来的时间指示

　　聋人手语中，指示过去和将来的时间信息，一般是以身体为界，指向身体后方为过去，指向身体前方为将来。如以下几例：

【例 3-18】

昨天我朋友发信息给我。

——选自《老人摔倒扶不扶》

昨天　　　　　　　　我

朋友　　　　　　发信息给我

图 3-14　例 3-18 手语示图

　　例 3-18 是聋人手语语例《老人摔倒扶不扶》中的一句，这句话的打手语人为张鹏。如图 3-14 所示，我们来分析这句话的手形、朝向、位置、动作，相应的表情、姿势，以及表达的意义，具体见表 3-14：

表 3-14　例 3-18 手语分析

汉语转写	手形	朝向	位置	动作	表情	姿势	表达的意义
昨天	右手伸食指，全屈其余四指。	右手掌心向后，食指尖向后。	肩部	右手食指向右肩后指几下。	心疼	头侧向右手	用右手食指向右肩后指几下，表达过去的一天，即"昨天"。
我	右手伸食指，全屈其余四指。	右手掌心向内，食指尖向内。	胸部	右手食指尖贴于胸部。	心疼	身正	用右手食指指向自己，表达"我"。
朋友	双手伸拇指，全屈其余四指。	双手掌心相对，拇指尖向上。	胸部	双手伸拇指，以腕部与四指互碰几下。	心疼	身正	用双手伸拇指表达二个人；用双手腕部与四指互碰，表达二人是关系近的"朋友"。

汉语转写	手形	朝向	位置	动作	表情	姿势	表达的意义
发信息给我	左手伸掌；右手伸食指微屈，全屈其余四指。	左手掌心向上，指尖向右；右手掌心向下，食指尖向下。	胸部	右手食指尖在左手掌心向内滑动一下。	心疼	头微低	用左手伸掌表达"手机"，右手食指尖在"手机"上滑向自己，表达"发信息给我"。

如例 3-18 的图与表所示，以右手食指向右肩后指几下，表达过去的一天，即"昨天"。

【例 3-19】

前天你在校园里问过我路，记得吗？

———选自《手语基础教程》（郑璇，2015）

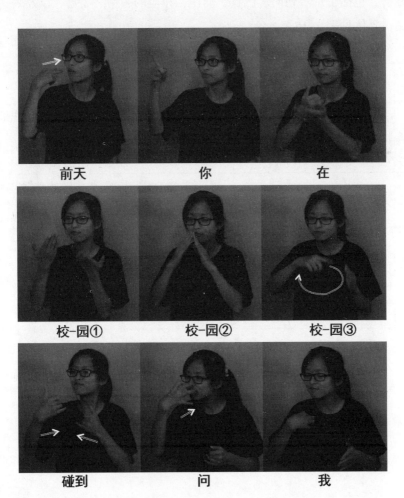

前天　　你　　在

校-园①　　校-园②　　校-园③

碰到　　问　　我

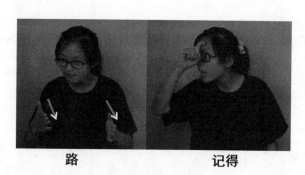

路　　　　　　　　记得

图 3-15　例 3-19 手语示图

例 3-19 是节选自《手语基础教程》中的聋人手语语例。这句话的手语分析，包括手形、朝向、位置、动作，相应的表情、姿势，以及表达的意义，具体见表 3-15：

表 3-15　例 3-19 手语分析

汉语转写	手形	朝向	位置	动作	表情	姿势	表达的意义
前天	右手伸食、中指，全屈其余三指。	右手掌心向后，食、中指尖向后。	肩部	右手食、中指向右肩后指几下。	友好	身正	用右手食、中指向右肩后指几下，表达过去的二天，即"前天"。
你	右手伸食指，全屈其余四指。	右手掌心向左，食指尖向右前。	头部	右手食指尖指向头前右前方。	友好	身正	用右手食指尖指向看手语人，表达"你"。
在	左手伸掌，五指微屈；右手伸拇、小指，全屈其余三指。	左手掌心向上，指尖向右；右手掌心向内，拇指尖向上、小指尖向左。	胸部	左手置于胸前；右手置于左手掌心，拇指在上，小指侧贴于左手掌心。	友好	身正	用右手伸拇、小指置于左手掌心表达"在"。

汉语转写	手形	朝向	位置	动作	表情	姿势	表达的意义
校园	①双手伸掌。②左手伸掌；右手伸食指，全屈其余四指。	手形①双手掌心向上，指尖向前。手形①左手掌心向右下，指尖向右上；右手掌心向左下，指尖向左上。手形②左手掌心向右下，指尖向右上；右手掌心向下，食指尖向下。	胸部	手形①双手掌心向上置于胸前。手形①双手掌斜伸，中指尖相抵置于胸前。手形②左手掌静置于胸前，右手食指向下转一圈。	友好	身正	用双手掌心向上置于胸前，模拟读书状，表达"学"；用双手掌斜置于胸前，中指尖相抵模拟房子外形，表达"处所"；用"学"加"处所"表达"校"。用左手掌斜置于胸前指代前文表达的"校"，右手食指尖向下在左掌旁转一圈，模拟校园的范围，表达"园"。
碰到	双手伸拇、小指，全屈其余三指。	左手掌心向内，拇指尖向上，小指尖向下；右手掌心向内，拇指尖向上，小指尖向下。	胸部	双手拇、小指由身体两侧向中间移动。	友好	身正	用双手伸拇、小指，拇指尖向上，小指尖向下，表达"人"；双手拇、小指由身体两侧向中间移动，表达二人"相遇"，即"碰到"。
问	右手五指稍屈，分开。	右手掌心向内，指尖向内。	头部	右手置于口前向内移动。	友好	身正	用右手五指稍屈、分开，置于口前向内移动，表达你"问"我。
我	右手伸食指，全屈其余四指。	右手掌心向内，食指尖向内。	胸部	右手食指尖贴于胸部。	友好	身正	用右手食指指向自己，表达"我"。
路	双手伸掌。	左手掌心向右，指尖向前；右手掌心向左，指尖向前。	胸部	双手掌置于胸前相距约30厘米，同时向前移动。	友好	头微低	用双手掌心相距约30厘米同时向前移动，表达"道路"。
记得	右手伸食指半屈，全屈其余四指。	右手掌心向左，食指尖向左。	头部	右手食指置于前额。	友好	身正	用右手伸食指半屈表达"记"的首字母"J"；以字母"J"置于前额表达"记得"。

如例 3–19 的图与表所示，例 3–19 中以右手食、中指向右肩后指几下，表达过去的二天，即"前天"。

【例 3-20】

我以前看摄影展。

——选自《箭扣长城》

图 3-16 例 3-20 手语示图

例 3-20 是聋人手语语例《箭扣长城》中的一句，这句话的打手语人为张鹏。如图 3-16 所示，我们来分析这句话的手形、朝向、位置、动作，相应的表情、姿势，以及表达的意义，具体见表 3-16：

表 3-16 例 3-20 手语分析

汉语转写	手形	朝向	位置	动作	表情	姿势	表达的意义
我	右手伸拇食指，全屈其余三指。	右手掌心向内，食指尖向内。	胸部	右手食指尖贴于胸部。	愉悦	身正	用右手食指指向自己，表达"我"。
以前	右手伸掌微屈	右手掌心向后，指尖向后。	肩部	右手指尖向右肩后指几下。	愉悦	身正	用右手掌向右肩后指几下，表达"以前"。

汉语转写	手形	朝向	位置	动作	表情	姿势	表达的意义
看	右手伸食、中指，微分开。	右手掌心向下，指尖向左前方。	胸部	右手食、中指向左下方移动。	愉悦	身正	用右手伸食、中指微分开，向左下（非看手语人位置）移动，表达用眼睛"看"其他事物。
摄影展	①双手伸拇、食指，全屈其余三指。②双手伸掌。	手形①左手掌心向右，食指尖向上；右手掌心向左，食指尖向上。手形②双手掌心向内，指尖向上。	胸部	手形①双手食指相距约10厘米，左手静置不动，右手食指弯动几下。手形②双手掌略相叠，左掌静置不动，右掌向内移动。	愉悦	身正	用双手伸拇、食指相距约10厘米，如持相机，右手食指弯动几下，模拟按动快门状，表达"摄影"。用双手掌略相叠立于胸前，右掌向内移动，表达"展"。

如例 3-20 的图与表所示，例 3-20 中以右手掌向右肩后指几下，表达过去、之前的时刻，即"以前"。

【例 3-21】

我刚顺利拿到驾驶证。

——选自《买车》

刚刚　　　　我　　　　拿①

拿②　　　驾驶-证①　　　驾驶-证②

拿　　　　　胜①　　　　　胜②

图 3-17　例 3-21 手语示图

　　例 3-21 是聋人手语语例《买车》中的一句,这句话的打手语人为李磊。如图 3-17 所示,我们来分析这句话的手形、朝向、位置、动作,相应的表情、姿势,以及表达的意义,具体见表 3-17：

表 3-17　例 3-21 手语分析

汉语转写	手形	朝向	位置	动作	表情	姿势	表达的意义
刚刚	右手拇指尖捏食指尖,全屈其余三指。	右手掌心向后,拇、食指尖向后。	肩部	右手拇、食指尖向右肩后指几下。	愉悦	身正	用右手拇指尖捏食指尖,表达"少";用右手向右肩后指几下,表达过去、之前不久的时刻,即"刚刚"。
我	右手伸食指,全屈其余四指。	右手掌心向内,食指尖向内。	头部	右手食指尖贴于鼻部。	愉悦	身正	用右手食指指向自己,表达"我"。
拿	手形①右手伸掌,五指分开。手形②右手握拳。	手形①掌心向外,指尖向上。手形②掌心向下,拇指在左。	头部至胸部	手形①于头部向下移动至胸部,变为手形②	愉悦	身正	用右掌五指分开向下抓取成拳,表达"拿"。

汉语转写	手形	朝向	位置	动作	表情	姿势	表达的意义
驾驶证	手形①双手握拳。手形②左手伸掌,右手掌五指稍屈分开。	手形①双手掌心向内,拇指在上。手形②左手掌心向上,指尖向右;右手掌心向下,指尖向下。	胸部	手形①双拳相距约20厘米,同时顺时针、逆时针移动几下。手形②左手静置于胸前,右手移至左手掌心。	愉悦	身正	用双拳相距约20厘米模拟手握方向盘状,同时顺时针、逆时针移动几下模拟转动方向盘状,表达"驾驶"。用左手掌静置于胸前,右手五指稍屈移至左手掌心,模拟证件上盖章状,表达"证"。
拿	右手握拳。	右手掌心向左,拇指在上。	胸部	右手由驾驶证的手形②向右上移动并握拳。	愉悦	身正	用右手由驾驶证的手形②向右上移动并握拳,表达"拿"。
胜	手形①双手握拳。手形②双手伸拇、食指;全屈其余三指。	手形①双手拇指在上,左手掌心向右,右手掌心向左。手形②左手掌心向右前,拇指尖向上;右手掌心向左前,拇指尖向上。	胸部	手形①相距约20厘米置于胸前,斜向外移动变为手形②相距约30厘米。	愉悦	身正	用双手握拳,斜向外移动并打开拇、食指,表达"胜"。

由例 3-21 的图与表可见,例 3-21 中以右手拇指尖捏食指尖,向右肩后指几下,表达过去、之前不久的时刻,即"刚刚"。

【例 3-22】

明天是星期六,我在家休息。

——选自《手语基础教程》(郑璇,2015)

明天　　　　　　　　星期六　　　　　　　　我

在家里　　　　　　　休息

图 3-18　例 3-22 手语示图

例 3-22 是节选自《手语基础教程》中的聋人手语语例。这句话的手语分析，包括手形、朝向、位置、动作，相应的表情、姿势，以及表达的意义，具体见表 3-18：

表 3-18　例 3-22 手语分析

汉语转写	手形	朝向	位置	动作	表情	姿势	表达的意义
明天	右手伸食指，全屈其余四指。	①右手掌心向前，食指尖向左上。②右手掌心向左，食指尖向上。	头部	右手食指尖先贴于右太阳穴，再转腕向右前方移动，同时朝向①转为朝向②。	幸福	头微右侧	用右手食指尖先贴于右太阳穴，再转腕向右前方移动，表达将来的一天，即"明天"。
星期六	右手伸拇、小指，全屈其余三指。	①右手掌心向内，拇、小指尖向左。②右手掌心向内，拇、小指尖向上。	胸部	右手朝向①置于胸左侧近左腋处，向右上方移动变为朝向②。	幸福	身正	用右手伸拇、小指，表达数字"六"；将"六"置于胸左侧近左腋处，向右上方移动，表达"星期六"。

汉语转写	手形	朝向	位置	动作	表情	姿势	表达的意义
我	右手伸食指，全屈其余四指。	右手掌心向内，食指尖向内。	胸部	右手食指尖贴于胸部。	幸福	身正	用右手食指指向自己，表达"我"。
在家里	双手伸掌。	右手掌心向左下，指尖向左上；左手掌心向右下，指尖向右上。	头部	双手掌中指尖相抵，置于头上方。	幸福	头微低	用双手掌中指尖相抵模拟房子外形，表达"处所"，即"家"；将"家"置于头上方，罩住自己，表达"在家里"。
休息	双手伸掌。	双手掌心向内；右手指尖向左，左手指尖向右。	胸部	双手腕相叠，双手掌交叉贴于胸部，右掌贴左胸，左掌贴右胸。	幸福	头微右侧	用双手掌交叉贴于胸部，表达"休息"。

如例 3-22 的图与表所示，例 3-22 中以右手食指尖先贴于右太阳穴，再转动腕部向右前方移动，表达将来的一天，即"明天"。

【例 3-23】

以后有机会，给我打个招呼，我一起去。

——选自《箭扣长城》

以后　　　　　有　　　　　机-会①

机-会②　　　　机-会③　　　　我

招呼　　　　　　我　　　　　　一起去

图 3-19　例 3-23 手语示图

例 3-23 是聋人手语语例《箭扣长城》中的一句，这句话的打手语人为李俊鹏。如图 3-19 所示，我们来分析这句话的手形、朝向、位置、动作，相应的表情、姿势，以及表达的意义，具体见表 3-19：

表 3-19　例 3-23 手语分析

汉语转写	手形	朝向	位置	动作	表情	姿势	表达的意义
以后	右手伸拇、小指，全屈其余三指。	①右手掌心向内，拇、小指尖向上。②右手掌心向内，拇、小指尖向左。	头部至胸部	右手伸拇、小指置于头右侧，朝向①向胸前下方移动变为朝向②。	期待	头微低	用右手伸拇、小指由头右侧向胸前下方移动，表达将来的时刻，即"以后"。
有	右手伸拇、食指，全屈其余三指。	右手掌心向内，拇、食指尖向上。	头部	右手食指置于头前向内微弯动二下。	期待	身正	用右手伸拇、食指，食指向内微弯动几下表达"有"。
机会	①双手伸掌，五指稍屈微分开。②双手伸掌。③双手食、中、无名、小指与掌垂直。	手形①双手掌心向内，拇指在上，其余四指指尖向内。手形②双手指尖向上，右手掌心向左，左手掌心向右。手形③双手指尖相对，右手掌心向左，左手掌心向右。	胸部	手形①的食、中、无名、小指背相碰一下。手形②双手指尖向上、掌心相对距离约 30 厘米，双手食、中、无名、小指弯动指根变为手形③。	期待	身正	用双手掌五指稍屈，碰一下指背，模拟"机器"运行状，表达"机"。用双手掌掌心相对，弯动一下食、中、无名、小指根，模拟"开会"状，表达"会"。
我	右手伸掌，五指微屈微分开。	右手掌心向内，指尖向内。	胸部	右手掌指尖贴于胸部。	期待	身正	用右手掌指向自己，表达"我"。

汉语转写	手形	朝向	位置	动作	表情	姿势	表达的意义
招呼	①双手伸掌，五指伸直。②双手伸掌，食、中、无名、小指与掌垂直。	手形①双手指尖向上，右手掌心向外，左手掌心向内。手形②双手指尖相对，右手掌心向外，左手掌心向内。	头部	手形①右掌置于头前方约30厘米处，左掌置于头前方约60厘米处，双手掌心相对，食、中、无名、小指弯动指根变为手形②；重复弯动几下。	期待	身正	用双手一前一后掌心相对，弯动几下食、中、无名、小指根，模拟自己和看手语人互打招呼状，表达"招呼"。
我	右手伸掌，五指微屈微分开。	右手掌心向内，指尖向内。	胸部	右手掌指尖贴于胸部。	期待	身正	用右手掌指向自己，表达"我"。
一起去	双手伸拇、小指，全屈其余三指。	①右手掌心向左，左手掌心向右，双手指尖向前。②右手掌心向左，左手掌心向右，双手指尖向上。	胸部	双手伸拇、小指朝向①置于胸前，同时向前上方移动变为朝向②。	期待	身正	用双手伸拇、小指，表达二人；用双手同时向前上方移动，表达二人"一起去"。

由例 3-23 的图与表可见，例 3-23 中以右手伸拇、小指由头右侧向胸前下方移动，表达将来的时刻，即"以后"。

由例 3-18 至例 3-23 这六例可以看出，聋人手语交际中，指示过去和将来的时间信息，一般是以身体为界的。"昨天"、"前天"、"以前"、"刚刚"，表达的是过去，就指向肩部的身体后方；"明天"、"以后"表达的是将来，就指向头侧的身体前方。

3.4 空间指示

空间指示（spatial deixis）又称地点指示。在有声语言中，使用空间指示表示言语交际中涉及的地点信息（梁燕华，2013）。常见的空间指示语，汉语中如"这里"与"那里"、"这个地方"与"那个地方"、"在里面"与"在外面"等，英语中如 here 与 there，this 与 that 等。空间指示存在两种用法，即手势用法和象征用法。手势用法指听话人在场的情况下，以说话人说话时刻所处的位置为基准的空间位置，说话人利用手势向听话人指点位置或方位；而象征用法是指包括说话人说话时刻所处位置在内的较笼统的空间或地域单位，是听话人熟悉或可想象出来的地点（冉永平，2006）。

在聋人手语中，也使用空间指示表示话语中所涉及的场所、人物或事物的地点或空间信息（Clayton Valli，2000），但聋人手语和有声语言在空间表达方面，由于视觉语言通道和听觉语言通道的差别，虽存在着一些相似的特点，却差异更大。

聋人手语作为一种视觉语言，会话中空间指示的应用，能帮助会话双方更清晰、更直接地了解彼此表达的意图，因此其会话中的空间指示现象十分普遍。聋人手语的空间指示，与有声语言的手势用法虽有一些相似之处，但远较有声语言的手势用法丰富、生动。

有声语言的空间指示，根据位置参照点和观察点的关系，有自身参照和他物参照两种参照类别（文旭，2010），聋人手语的空间指示也有这两种参照类别。自身参照，是指打手语人以打手语时刻自身所处的位置或方位为指示参照点。他物参照是指打手语人以其他物体所在的位置或方位为指示参照点。一般情况下，他物参照的空间指示比自身参照的复杂程度要高。如他物所在的位置或方位的表达就分为两种，一种为打手语人利用手势向看手语人指点在场他物的位置或方位，并以该物的位置或方位为指示参照点；另一种为用手模拟出在场或不在场他物，并以该物的位置或方位为指示参照点。当然，依据研究的目的不同，我们也可以依据参照点的性质不同分为在场参照与不在场参照等。

聋人手语有三种交流形式，一是面对面交流，二是视频交流，三是书面交流。聋人手语以面对面交流为主，会话双方均在场，使得交流实时高效。聋人手语视频交流解决了聋人异地交流的问题，其地位日益凸显。聋人手语的书面交流，是以图文结合记录的书面交流形式，因聋人手语是动态且富于变化的，所以看手语人阅读书面形式须结合文字与图示以正确理解打手语人表达的含义，阅读速度慢一些。这三种交流方式的空间指示有些不同。面对面交流时，会话双方均在场，以自身参照为主；交流中亦有以他物参照的需要，他物的表达既可指点在场他物的位置或方位，又可用手模拟出在场或不在场他物并指示其方位。视频交流和书面交流，虽然看手语人不在场，但可通过网络、书本等，打手语人间接地和看手语人进行会话，会话中亦以自身参照为主；当有以他物参照的需要，他物的表达以手模拟为主，以使看手语人正确理解。

3.4.1　自身参照

3.4.1.1　以自身参照的物体方位的空间指示

聋人手语会话中，打手语人常常以自身为参照指示物体方位，即以打手语人所处的位置或方位为指示参照点，打手语人向看手语人指示物体的方位。这一空间指示用法与有声语言的手势用法相似。如前文所述的例3-4、例3-9（参阅3.1什么是指示语与3.2人称指示）：

【例3-4】

她年轻。

——选自《聋人子女教育》

图3-1　例3-4手语示图

如图3-1所示，例3-4中打手语人以自身为参照向看手语人直接指示在场的第三者"她"的位置，即用右手食指指向身体左侧表达"她"。

【例3-9】

我有一个朋友，他在干什么呢？

——选自《过年旅游行不行》

我　　　　　　有　　　　　　一

个　　　　　　朋友　　　　　　他

在　　　　　　干　　　　　　什么

图3-6　例3-9手语示图

如图3-6所示，例3-9中打手语人也是以自身为参照向看手语人直接指示在场的第三者"他"的位置，即用右手食指指向身体右侧表达"他"。又如例3-24：

【例3-24】

故意碰瓷这辆车。

——选自《碰瓷》

碰瓷①　　　　　　碰瓷②

故意　　　　　　这辆车

图 3-20　例 3-24 手语示图

　　例 3-24 是聋人手语语例《碰瓷》中的一句,这句话的打手语人为李磊。

如图 3-20 所示,我们来分析这句话的手形、朝向、位置、动作,相应的表情、姿势,以及表达的意义,具体见表 3-20:

表 3-20　例 3-24 手语分析

汉语转写	手形	朝向	位置	动作	表情	姿势	表达的意义
碰瓷	左手伸五指,拇指与食指相对呈半框形;右手伸拇、小指,全屈其余三指。	左手掌心向右,指尖向右。右手,朝向①掌心向内,拇,小指尖向左;朝向②掌心向上,拇,小指尖向上。	胸部	左手与右手自两边向中间移动撞在一起,右手由朝向①转动手腕变为朝向②。	想坏主意	身体略右倾	用左手伸五指,拇指与食指相对呈半框形,模拟汽车的外形,表达"车"。用右手伸拇、小指,全屈其余三指,模拟人的外形,表达"人"。用"车"行驶过来,"人"故意去撞"车"摔倒,表达"碰瓷"。
故意	右手伸五指微屈指根。	右手掌心向内,指尖向内。	肩部	右手五指指尖贴于右肩部。	想坏主意	身体略右倾	用右手伸五指微屈指根,指尖贴于右肩部,表达"故意"。

汉语转写	手形	朝向	位置	动作	表情	姿势	表达的意义
这辆车	右手伸食指，全屈其余四指。	右手掌心向内，食指尖向左。	胸部	右手食指指向左。	想坏主意	身体略右倾	用右手食指指向身体左侧"汽车"的位置，表达"这辆车"。

　　如例 3-24 的图与表所示，例 3-24 打手语人自言自语表达的是"故意碰瓷这辆车"。打手语人看到左边来了一辆车，于是想碰瓷这辆车。打手语人表达"这辆车"，是以自身为参照直接指示在场的这辆汽车的位置。

　　聋人手语会话中，看手语人在场或打手语人自言自语时，打手语人以自身为参照直接指点物体的方位，这是聋人手语中十分常用的空间指示用法，既能够使打手语人的表达更加直接、简练，又能够使看手语人的理解更加准确、快速。

3.4.1.2　以自身参照的移位性动词的空间指示

　　有声语言会话中的移位性动词，具有较强的方位指示，如汉语中的"来"与"去"、"带来"与"带去"、"到达"与"离开"等，英语中的 come 与 go，bring 与 take，arrive 与 leave 等（何自然等，2009）。

　　聋人手语会话中，移位性动词的方位指示更加直观形象、富于变化，常常以打手语人的位置或方位为指示参照点，其方位指示相反表达的意义往往相反或相对。例如，手势向自己的身体上方移动表示"向上"，向自己的身体下方移动表示"向下"；手势由身体前移向身体表示"向内"、"向后"、"向自身"，手势由身体移向身体前方表示"向外"、"向前"、"向他物"。例如移位性动词"来"与"去"。

　　有声语言表达移位性动词"来"，有时会采用手势用法。即说话人让他人过来，一手伸掌举起，掌心向下，向内挥动几下，这时说话人即使不说口语，都不会影响听话人正确理解说话人表达的含义。

　　聋人手语表达移位性动词"来"，存在着与有声语言的手势用法相似的空间表达，即以自身为参照，手势由外向内趋向自身移动。如下例：

【例 3-25】

　　来，我带你看看，这我爸爸妈妈房间。

——选自《手语基础教程》（郑璇，2015）

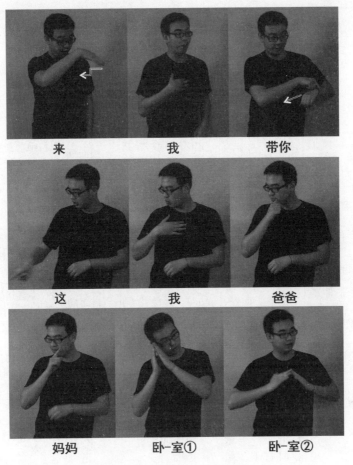

来　　　　　我　　　　　带你

这　　　　　我　　　　　爸爸

妈妈　　　卧-室①　　　卧-室②

图 3-21　例 3-25 手语示图

　　例 3-25 是节选自《手语基础教程》中的聋人手语语例。这句话的手语分析，包括手形、朝向、位置、动作，相应的表情、姿势，以及表达的意义，具体见表 3-21：

表 3-21　例 3-25 手语分析

汉语转写	手形	朝向	位置	动作	表情	姿势	表达的意义
来	右手伸掌。	右手掌心向下，指尖向前方。	头部	右手掌置于头前，向下弯动几下手腕。	热情	头微低	用右手掌在头前向下挥动几下，表达"来"。
我	右手伸掌。	右手掌心向内，指尖向左。	胸部	右手掌指尖贴于胸部。	热情	身正	用右手掌贴于胸部，表达"我"。

汉语转写	手形	朝向	位置	动作	表情	姿势	表达的意义
带你	左手虚握成拳；右手伸拇、食指稍屈，全屈其余三指。	左手掌心向下，拇指向内；右手掌心向下，拇食、指尖向下。	胸部	右手拇、食指扣在左拳腕上，由身体左侧向中间移动。	热情	身正	用右手拇、食指扣在左拳腕上，由身体左侧向中间移动，表达"带你"看看。
这	右手伸食指，全屈其余四指。	右手掌心向下，食指尖向右。	腹部	右手食指向身体右下方。	热情	面向右侧	用右手食指指向身体右侧的"爸爸妈妈房间"，表达"这"。
我	右手伸掌。	右手掌心向内，指尖向左。	胸部	右手掌贴于胸部。	热情	面向右侧	用右手掌贴于胸部，表达"我"。
爸爸	右手伸拇指，全屈其余四指。	右手掌心向内，拇指尖向上。	头部	右手拇指侧靠近唇。	热情	面向右侧	用右手拇指侧贴于唇（聋人表达快时只靠近唇），表达"爸爸"。
妈妈	右手伸食指，全屈其余四指。	右手掌心向左，食指尖向上。	头部	右手食指侧靠近唇。	热情	面向右侧	用右手食指侧贴于唇（聋人表达快时只靠近唇），表达"妈妈"。
卧室	双手伸掌。	①双手指尖向右上；右手掌心向左上，左手掌心向右下。②右手掌心向左下，指尖向左上；左手掌心向右下，指尖向右上。	头部胸部	朝向①双手掌相合贴于脸右侧。朝向②双手掌斜伸，中指尖相抵，置于胸部。	热情	朝向①头右倾；朝向②身正	用双手掌相合贴于脸右侧，头同时右倾，表达"睡觉"。用双手掌斜伸，中指尖相抵模拟房子的外形，表达"处所"，即"室"。

由例 3-25 的图与表可见，聋人手语表达移位性动词"来"，和有声语言的手势用法有相似的空间表达，即以自身为参照，手势由外向内趋向自身移动。但是，聋人手语作为视觉语言，会用不同的手势来表达"来"的下义词概念，远较有声语言的手势用法丰富、直观、生动。如以下几例：

【例 3-26】

他们俩常常来住吗？

——选自《手语基础教程》（郑璇，2015）

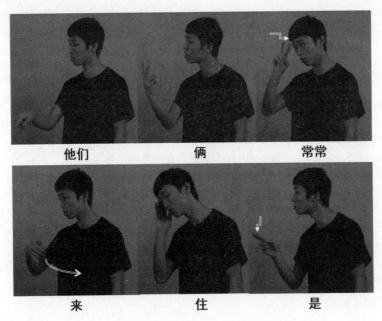

他们	俩	常常

来	住	是

图 3-22　例 3-26 手语示图

　　例 3-26 这句话的手语分析，包括手形、朝向、位置、动作，相应的表情、姿势，以及表达的意义，具体见表 3-22：

表 3-22　例 3-26 手语分析

汉语转写	手形	朝向	位置	动作	表情	姿势	表达的意义
他们	右手伸食指，全屈其余四指。	右手掌心向下，食指尖向前下。	胸部	右手置于胸前较远处，食指尖指向前下方。	好奇	身正	用右手食指尖指向前下方，表达上文提到的"看手语者的爸爸妈妈"，即"他们"。
俩	右手伸食、中指分开，全屈其余三指。	右手掌心向内，食、中指尖向上。	胸部	右手伸食、中指置于胸前。	好奇	身正	用右手伸食、中指，模拟数字"二"，表达"俩"。
常常	右手伸食、中指分开，全屈其余三指。	右手掌心向外，食、中指尖向上。	头部	右手食指尖轻贴几下右太阳穴处。	好奇	头右倾	用右手伸食、中指，食指尖轻贴几下右太阳穴处，表达"常常"。
来	右手伸拇、小指，全屈其余三指。	右手掌心向内，拇、食指尖向左。	胸部	右手伸拇、食指置于胸前方较远处，自外向内移动。	好奇	身正	用右手伸拇、小指，全屈其余三指，模拟人的外形，表达"人"；"人"自外向内移动，表达"来"。

汉语转写	手形	朝向	位置	动作	表情	姿势	表达的意义
住	右手伸掌。	右手掌心向左，指尖向上。	头部	右手指尖轻贴头右侧。	好奇	头右倾	用右手伸掌轻贴头右侧，头右倾，模拟人"睡觉"状，表达"住"。
是	右手伸食、中指相搭，全屈其余三指。	右手掌心向左，食、中指尖向前。	胸部	右手伸食、中指相搭，置于胸前，食、中指指向前方微点动几下。	疑问	头微前倾	用头微前倾，右手伸食、中指相搭，指向前方微点动几下，表达"是"；"是"配以头微前倾，疑问表情，表达"是吗"。

由例 3-26 的图与表可见，例 3-26 中的"来"，打手语人用右手伸拇、小指，全屈其余三指，模拟人的外形，表达"人"；以自身为参照，"人"自外向内移动，表达"来"。

【例 3-27】

走来。

走来

图 3-23 例 3-27 手语示图

例 3-27 是选自研究者采集的聋人手语语例。这句话的手语分析，包括手形、朝向、位置、动作，相应的表情、姿势，以及表达的意义，具体见表 3-23：

表 3-23 例 3-27 手语分析

汉语转写	手形	朝向	位置	动作	表情	姿势	表达的意义
走来	右手伸食、中指，全屈其余三指。	右手掌心向右，食、中指尖向下。	胸部	右手自身体右侧向中间移动，同时食、中指尖向下交替摆动。	友好	头微低	用右手伸食、中指，指尖向下、交替摆动，模拟人走路状，表达"走"；从身体外侧走到身前，表达"走来"。

如例 3-27 的图与表所示，例 3-27 表达的"走来"，打手语人用右手伸食、中指，指尖向下、交替摆动，模拟人走路状，表达"走"；从身体外侧走到身前，表达走着"来"。

由以上三例可以看出，聋人手语表达移位性动词"来"时，根据手语表达的焦点采用相应动作方式。例 3-25，表达的是让他人过来，焦点是"过来"，所以用掌向内挥动；例 3-26，表达的是人来，焦点是"人"，所以用一手伸出拇指和小指模拟人的外形向内移动；例 3-27，表达的是走来，焦点是"走"，所以用一手食指和中指模拟人迈步走来。

聋人手语表达移位性动词"去"，与"来"的方位指示相反，即以自身为参照，手势由内向外趋向他物移动。

【例 3-28】

下班后，丈夫去接孩子回家，妻子去买菜做饭。

——选自《手语基础教程》(郑璇，2015)

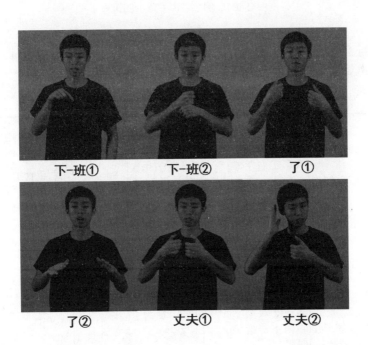

下-班①　　　下-班②　　　了①

了②　　　丈夫①　　　丈夫②

去　　　　　　　孩子　　　　　　接①

接②　　　　　回-家①　　　　回-家②

图 3-24　例 3-28 手语示图（一）

　　例 3-28 手语示图（一）这句话的手语分析，包括手形、朝向、位置、动作，相应的表情、姿势，以及表达的意义，具体见表 3-24：

表 3-24　例 3-28 手语分析（一）

汉语转写	手形	朝向	位置	动作	表情	姿势	表达的意义
下班	①右手伸食指，全屈其余三指。②双手握拳。	手形①右手掌心向下，食指尖向下。手形②双拳掌心向内，拇指在上。	胸部	手形①右手食指尖指向下方。手形②右拳砸一下左拳虎口。	认真	身正	用右手食指尖指向下方，表达"下"。用右拳砸一下左拳虎口，表达"工作"。
了	①双手伸掌，食、中、无名、小指稍屈。②双手伸掌，五指微分开。	手形①双手掌心向内，指尖向内。手形②双手掌心向下，指尖向前。	胸部	双手掌手形①转动手腕向外甩出，变为手形②。	认真	身正	用双手掌转动手腕向外甩出，表达"结束"，即"了"。

汉语转写	手形	朝向	位置	动作	表情	姿势	表达的意义
丈夫	①双手伸拇指，全屈其余四指。②右手伸掌。	手形①双手掌心向内，拇指尖向上。手形②右手掌心向左，指尖向上。	胸部头部	手形①双手伸拇指置于胸前，拇指相对、同时弯动一下。手形②右手掌置于头右侧，向后微移。	认真	身正	用双手伸拇指置于胸前，拇指相对、同时弯动一下，表达"结婚"。用右手掌置于头右侧，向后微移，表达"男"。
去	右手伸拇、小指，全屈其余三指。	右手掌心向内，拇、食指尖向左。	胸部	右手伸拇、食指置于胸前，自内向右外侧移动。	认真	稍面向右边	用右手伸拇、小指，全屈其余三指，模拟人的外形，表达"人"；用"人"自内向右外侧移动，表达"去"。
孩子	右手伸掌，五指微分开。	右手掌心向下，指尖向前。	胸部	右手掌心向下，指尖向前，置于胸部右下方。	认真	稍面向右边	用右手掌心向下，指尖向前置于胸部右下方，模拟"孩子个头小"状，表达"孩子"。
接	①双手伸掌，五指分开微屈。②双手握拳。	手形①双手掌心向上，指尖向上。手形②双手掌心向上，拇指在前。	胸部	手形①双手掌置于右胸前相距约10厘米，向内移动，变为手形②。	认真	稍面向右边	用双手掌心向上置于右胸前，相距约10厘米，向内移动，变为双手握拳，表达把人或物"接"过来。
回家	①左手伸掌；右手伸拇、小指，全屈其余三指。②双手伸掌。	手形①左手掌心向右下，指尖向右上；右手掌心向内，拇、小指尖向左。手形②左手掌心向右下，指尖向右上；右手掌心向左下，指尖向左上。	胸部	手形①左手掌静置于胸前；右手自胸前较远处向内移动，置于左掌下。手形②双手掌中指尖相抵置于胸前。	认真	稍面向右边	用左手掌斜置于胸前，模拟房子外形的一半手势，表达"处所"；用右手伸拇、小指自胸前较远处向内移动，置于左掌下，表达"回"处所。用双手掌斜置于胸前，中指尖相抵，模拟房子外形，表达"处所"，即"家"。

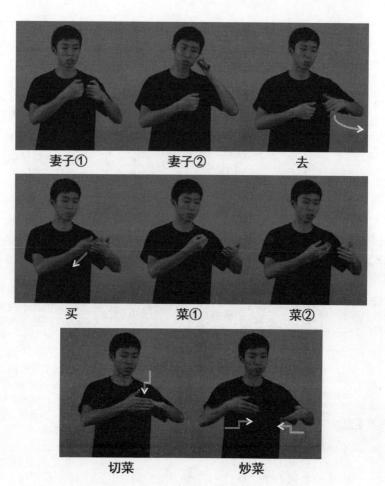

妻子①　　　　　　妻子②　　　　　　　去

买　　　　　　　菜①　　　　　　　菜②

切菜　　　　　　　炒菜

图 3-25　例 3-28 手语示图（二）

　　例 3-28 手语示图（二）这句话的手语分析，包括手形、朝向、位置、动作，相应的表情、姿势，以及表达的意义，具体见表 3-25：

表 3-25　例 3-28 手语分析（二）

汉语转写	手形	朝向	位置	动作	表情	姿势	表达的意义
妻子	①双手伸拇指，全屈其余四指。②左手拇、食指相捏，全屈其余三指。	手形①双手掌心向内，拇指尖向上。手形②左手掌心向右，拇、食指尖向右。	胸部头部	手形①双手置于胸前，拇指相对、同时弯动一下。手形②左手置于左耳处。	认真	稍面向左边	用双手伸拇指置于胸前，拇指相对、同时弯动一下，表达"结婚"。用左手拇、食指轻捏左耳垂（聋人表达快时用左手拇、食指相捏置于左耳附近），模拟女子的耳环形，表达"女"。
去	左手伸拇、小指，全屈其余三指。	左手掌心向内，拇、食指尖向右。	胸部	左手伸拇、食指置于胸前，自内向左外侧移动。	认真	稍面向左边	用左手伸拇、小指，全屈其余三指，模拟人的外形，表达"人"；用"人"自内向左外侧移动，表达"去"。
买	双手伸掌。	双手掌心向上；左手指尖向右，右手指尖向左。	胸部	左手掌置于胸前，右手掌背轻贴左手掌心后向内移动。	认真	稍面向左边	用左手掌置于胸前，右手掌背轻贴左手掌心后向内移动，表达把东西"买"进来。
菜	①右手五指半屈指尖相抵。②右手五指微屈分开。	手形①右手掌心向上，拇指尖向外。手形②右手掌心向上，指尖向上。	胸部	手形①置于胸前，向上移动变为手形②。	认真	稍面向左边	用右手掌心向上、五指半屈、指尖相抵，边向上移动边张开五指，模拟菜成长状，表达"菜"。
切菜	双手伸掌，左掌稍屈。	左手掌心向下，指尖向下；右手掌心向左，指尖向前。	胸部	左手置于胸前，右手掌靠近左手指背并向下移动几下。	认真	稍面向左边	用左手掌心向下，指尖向下，模拟左手按着菜状；用右手掌模拟刀外形；用右手掌靠近左手指背并上下移动几下，模拟刀切菜状，表达"切菜"。
炒菜	双手伸掌。	左手掌心向右上，指尖向右下；右手掌心向左上，指尖向左下。	胸部	双手掌分置于胸前，同时向中间移动几下。	认真	稍面向左边	用双手掌心斜向相对，分置于胸前，同时向中间移动几下，模拟炒菜状，表达"炒菜"。

第三章　聋人手语指示研究

由例 3-28 的图与表可见，打手语者，在表达下班了，丈夫和妻子的家务分工时，充分利用了身体前的空间使表达层次更清晰。即表达丈夫的家务活时，打手语者身体稍面向右侧，动作也都偏向右侧，并且右手是主手，左手为辅手；表达妻子的家务活时，打手语者身体稍面向左侧，动作也都偏向左侧，并且左手是主手，右手为辅手。这种直观的空间层次表达是视觉语言所独有，有声语言无法实现的。

因此例 3-28 中表达移位性动词"去"时，虽然都是以自身为参照，手势由内向外趋向他物移动，但丈夫的"去"以右手模拟人的外形自内向右外侧移动，妻子的"去"以左手模拟人的外形自内向左外侧移动。

聋人手语表达移位性动词"去"时，也和表达移位性动词"来"一样，会根据手语表达的焦点采用相应动作方式。如前文所述的例 3-5、例 3-12、例 3-23（参阅 3.1 什么是指示语、3.2 人称指示、3.3 时间指示）：

【例 3-5】

那，聋人都去的，有名。

——选自《买车》

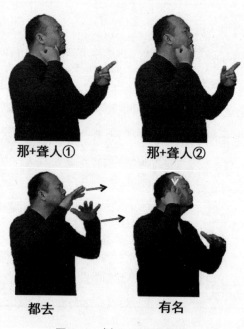

那+聋人①　　　那+聋人②

都去　　　有名

图 3-2　例 3-5 手语示图

【例3-12】

现在我们仨去吃饭。

——选自《手语基础教程》（郑璇，2015）

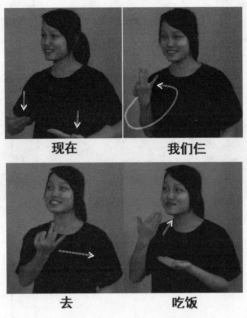

现在　　　　　我们仨

去　　　　　吃饭

图3-9　例3-12手语示图

【例3-23】

以后有机会，给我打个招呼，我一起去。

——选自《箭扣长城》

以后　　　　　有　　　　　机-会①

机-会②　　　　　机-会③　　　　　我

招呼　　　　　　我　　　　　　一起去

图 3-19　例 3-23 手语示图

由以上三例可以看出，聋人手语表达移位性动词"去"时，也常常会根据手语表达的焦点采用相应动作方式。

例 3-5，表达的是许多人都去，焦点是"许多人"，所以用双手掌心朝下、指尖向外，自内向外移动；

例 3-12，表达的是三个人一起去，焦点是"三个人"，所以首先用"三"手形依次指向自己和二位看手语人，确定是哪"三个人"，再用"三"手形自内向左外侧移动表达"三个人去"；

例 3-23，表达的是二个人一起去，焦点是"二个人"，所以用双手伸拇、小指模拟人的外形，自内向外移动，表达"二个人一起去"。

再如下例，表达的是"走去"：

【例 3-29】

离这里很远呢，你不会想要走去吧？

——选自《手语基础教程》（郑璇，2015）

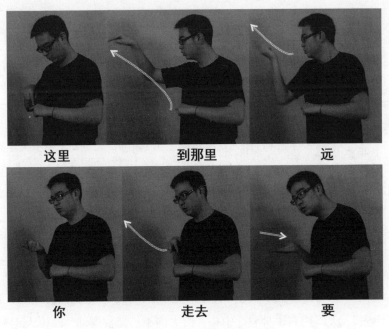

| | 这里 | | 到那里 | | 远 |
| | 你 | | 走去 | | 要 |

图 3-26　例 3-29 手语示图

例 3-29 的手语分析，包括手形、朝向、位置、动作，相应的表情、姿势，以及表达的意义，具体见表 3-26：

表 3-26　例 3-29 手语分析

汉语转写	手形	朝向	位置	动作	表情	姿势	表达的意义
这里	双手伸食指，全屈其余四指。	左手掌心向下，食指尖向右；右手掌心向下，食指尖向下。	胸部	左手伸食指贴近胸前，右手伸食指指向左手食指。	惊讶	头微低	用左手伸食指贴近胸前，右手食指在上，指向左手食指，表达当前的位置"这里"。
到那里	双手伸食指，全屈其余四指。	左手掌心向下，食指尖向右；右手掌心向下，指尖向外。	胸部头部	左手伸食指贴近胸前，右手伸食指自左手食指处向右外侧上方移动。	惊讶	稍面向右边	用右手伸食指自胸前左手食指处向右外侧上方移动，表达这里"到那里"。
远	右手伸拇、食指，拇指捏食指根，全屈其余三指。	右手掌心向上，拇、食指尖向外。	胸部头部	右手伸拇、食指自胸前向右外侧上方移动，同时微晃手腕。	惊讶	稍面向右边	用右手伸拇、食指自胸前向右外侧上方移动，同时微晃手腕，表达距离很"远"。

汉语转写	手形	朝向	位置	动作	表情	姿势	表达的意义
你	右手伸食指，全屈其余四指	右手掌心向上，食指尖向外。	胸部	右手食指向外指。	惊讶	身正	用右手食指指向看手语人表达"你"。
走去	右手伸食、中指，全屈其余三指。	右手掌心向内下，食、中指尖向下。	胸部头部	右手自胸前向右外侧上方移动，同时食、中指尖向下交替摆动。	惊讶	身正	用右手伸食、中指，指尖向下、交替摆动，模拟人走路状，表达"走"；自胸前向右外侧上方移动，表达从这里"走去"那里。
要	右手伸掌。	右手掌心向上，指尖向前。	胸部	右手掌心向上，置于身体右侧，向内移动一下。	疑问	头微前倾	用右手掌心向上，置于身体右侧，向内移动一下，表达"要"。

由例 3-29 的图与表可见，表达的是从这里到那里走着去好远，焦点是"走去"，所以用右手伸食、中指，指尖向下、交替摆动，模拟人走路状，表达"走"，自胸前向右外侧上方移动，表达从这里"走去"那里。

可见，聋人手语在移位性动词"来、去"的表达中，存在着简单编码与复杂编码的差异。简单编码的"来、去"以单个动词的表达为主，而与动词相关的动作发出者及其相关信息（数量、动作方式）等则是建立在简单编码基础上的复杂编码。

3.4.2 他物参照

3.4.2.1 以他物参照的物体方位的空间指示

（1）以指点在场他物位置为参照的物体方位的空间指示

聋人手语会话中，看手语人在场时，打手语人以在场他物为参照指示物体方位的空间指示用法与有声语言的手势用法也有些相似，即打手语人以指点的在场他物位置为指示参照点，打手语人向看手语人指示物体的方位。如上例 3-29，表达"从这里到那里"就运用了以指点在场他物位置为参照的物体方位的空间指示的用法。打手语人先以自身的位置为参照点，左手伸食指贴近胸前，表达当前的位置，右手食指向下指点左手食指，指示当前的位置"这里"；然后打手语人以指点的在场他物——"这里"的位置为指示参照点，右手伸食指自左手食指的"这里"处向右外侧上方的

"那里"处移动，指示"那里"的方位。又如以下聋人手语语例：

【例3-30】

鸟在房子旁的树上。（一）

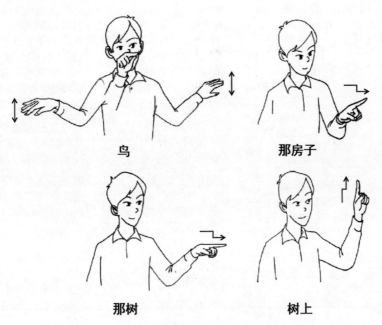

鸟　　　　　　　　　　　那房子

那树　　　　　　　　　　树上

图 3-27　例 3-30 手语示图

　　如图 3-27，例 3-30 的会话双方均在场，打手语人以指点的房子和树的位置为指示参照点，表达"鸟在房子旁的树上"。打手语人发现不远处的树上有一只鸟，而看手语人没有找到，于是打手语人以房子和树的位置为指示参照点，向看手语人描述鸟的位置。这句话的手语分析，包括手形、朝向、位置、动作，相应的表情、姿势，以及表达的意义，具体见表 3-27：

表3-27　例3-30手语分析

汉语转写	手形	朝向	位置	动作	表情	姿势	表达的意义
鸟	①右手伸拇、食指相捏，全屈其余三指。②双手伸掌。	手形①右手掌心向前，拇、食指尖向前。手形②双手掌心向下，右手指尖向右，左手指尖向左。	头部胸部	手形①右手背贴于嘴前，拇、食指尖向前。手形②双手掌置于身体两侧，同时上下扇动几下。	认真	身正	用右手背贴于嘴前，拇、食指尖向前，模拟鸟嘴的外形；双手掌心向下置于身体两侧，同时上下扇动几下，模拟鸟飞翔时扇动翅膀状，表达"鸟"。
那房子	左手伸食指，全屈其余四指。	左手掌心向下，食指尖向前。	胸部	左手置于胸前，掌心向下，食指尖指向前方点动几下。	认真	稍面向左边	用左手掌心向下，食指尖指向前方那房子处点动几下，表达"那房子"。
那树	左手伸食指，全屈其余四指。	左手掌心向下，食指尖向左前。	胸部	左手置于胸前，掌心向下，食指尖指向左前方点动几下。	认真	稍面向左边	用左手掌心向下，食指尖指向左前方那树处点动几下，表达"那树"。
树上	左手伸食指，全屈其余四指。	左手掌心向前，食指尖向上。	头部	左手置于头前，掌心向前，食指尖指向上方点动几下。	认真	稍面向左边	用左手掌心向前，食指尖指向树上方点动几下，表达"树上"。

　　由例3-30的图与表可见，打手语人会话时，首先，模拟鸟嘴外形、鸟飞翔状，表达"鸟"。接着，以自身的位置为参照点，左手伸出食指指点"房子"的位置。然后，是以他物——"房子"的位置为参照点，左手食指指点"房子"旁边的"树"的位置。最后，是以他物——"树"为参照点，左手食指指点"树"上"鸟"的位置。

　　（2）以模拟他物及其所处位置为参照的物体方位的空间指示

　　聋人手语会话中，指示物体方位，还常常会以手模拟他物，并以其所处的位置或方位为指示参照点。如前文所述的例3-19（参阅3.3时间指示）"前天你在校园里问过我路，记得吗"中的"校园"，打手语者就运用了以模拟他物及其所处位置为参照的物体方位的空间指示的用法。

语用学视角下的聋人手语研究

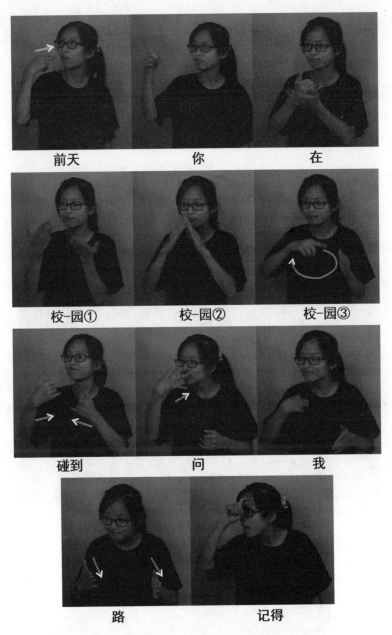

前天　　　　　你　　　　　在

校-园①　　　校-园②　　　校-园③

碰到　　　　　问　　　　　我

路　　　　　记得

图 3-15　例 3-19 手语示图

　　如例 3-19 的图所示，首先表达"校"，以"学"加"处所"，打手语者用双手掌心向上置于胸前，模拟读书状，表达"学"；用双手掌斜置于胸前，中指尖相抵模拟房子外形，表达"处所"。其次表达"园"，用左手掌静置于胸前指代前文表达的"校",接着以左掌所处的位置为指示参照点,右手食指尖向下在左掌旁转一圈,模拟校园的范围,表达"园"。

又如下例,打手语者也运用了以模拟他物及其所处位置为参照的物体方位的空间指示的用法。

【例3-31】

猜一猜,那个花瓶里的花是真的还是假的?

——选自《手语基础教程》(郑璇,2015)

图 3-28 例 3-31 手语示图

例 3-31 的手语分析，包括手形、朝向、位置、动作，相应的表情、姿势，以及表达的意义，具体见表 3-28：

表 3-28　例 3-31 手语分析

汉语转写	手形	朝向	位置	动作	表情	姿势	表达的意义
猜	左手伸五指，食中指分开；右手伸食指，全屈其余四指。	左手掌心向内，指尖向右上；右手掌心向左，食指尖向左前。	胸部	右手食指在左手掌食、中指缝间点动几下。	神秘	身体微右倾	用右手食指在左手掌食、中指缝间点动几下，表达"猜"。
那	右手伸食指，全屈其余四指。	右手掌心向左，食指尖向前。	胸部	右手伸食指指向身前较远处。	神秘	身体微右倾	用右手伸食指指向身前较远处，表达"那"。
花瓶	双手张开拇、食指，食指微屈与拇指形成弧形；全屈其余三指。	左手掌心向右，拇、食指尖向右；右手掌心向左，拇、食指尖向左。	胸部头部	双手拇、食指张开相对呈大圆形；双手同时向上弧形移动，拇、食指相对呈较小圆形。	神秘	身体微右倾	用双手拇、食指张开先相对呈大圆形，然后同时向上弧形移动，拇、食指相对呈较小圆形，模拟花瓶的外形，表达"花瓶"。
花	左手，张开拇、食指，食指微屈与拇指形成弧形；全屈其余三指。右手，①五指半屈、指尖相抵；②五指微屈分开。	左手，掌心向右，拇、食指尖向右。右手，①掌心向上，拇指尖向左前；手形②右手掌心向上，指尖向上。	头部	左手张开拇、食指静置于头前；右手以手形①靠近左手拇、食指，然后张开五指变为手形②。	神秘	身体微右倾	用前文的左手张开拇、食指成弧形，静置不动，指代前文模拟的"花瓶"。用右手掌心向上，五指半屈、指尖相抵靠近左手拇食指，然后张开五指，模拟花绽放状，表达花瓶里的"花"。
真	双手伸食指，全屈其余四指。	左手掌心向下，食指尖向右前；右手掌心向左后，食指尖向左前。	胸部	左手食指静置于胸前，右手食指敲打一下左手食指中部。	神秘	身体微右倾	用左手食指静置于胸前，右手食指敲打一下左手食指中部，表达"真"。
假	右手伸掌，五指微分开。	右手掌心向下，指尖向左。	头部	右手拇指尖抵于颏部，其余四指微抖动。	神秘	身体微右倾	用右手伸五指，拇指尖抵于颏部，其余四指微抖动，表达"假"。

可见，聋人手语会话中，当以模拟的他物的位置或方位为指示参照点时，常会使用代形式来指代或替代之前所描述的他物（Rachel Sutton-Spence, Bencie Woll, 1999）。如，例 3-19 中用左手斜伸掌指代房子，例 3-31 中用左手张开拇、食指成弧形，指代花瓶。代形式的使用有利于明确参照点与指示的物体之间的空间关系。

3.4.2.2　以他物参照的移位性动词的空间指示

聋人手语会话中，移位性动词以他物位置或方位为指示参照点，其移动方向相反，表达的含义也往往相反或相对。如下例：

【例 3-32】

个体加入集体。

个体加入集体

图 3-29　例 3-32 手语示图

例 3-32 是选自研究者采集的聋人手语语例，语例的手形、朝向、位置、动作，相应的表情、姿势，以及表达的意义，具体见表 3-29：

表 3-29　例 3-32 手语分析

汉语转写	手形	朝向	位置	动作	表情	姿势	表达的意义
个体加入集体	左手伸掌，微屈；右手伸食指，全屈其余四指。	左手掌心向右，指尖向上。右手，①掌心向外，食指尖向上；②掌心向左，食指尖向上。	胸部	左手掌心向右，指尖向上置于左胸前，右手伸食指朝向①置于右胸前，靠向左手掌心变为朝向②。	自信	身正	用左手伸掌，掌心向右，指尖向上置于左胸前，模拟将加入的集体；右手伸食指置于右胸前模拟还没有加入的个体；右手食指靠近左手掌，表达个体"加入"集体。

如图 3-29，例 3-32 表达的是"加入"。打手语人首先用左手掌心向右，指尖向上置于左胸前，模拟将加入的"集体"，用右手伸食指置于右胸前模拟还没有加入的"个体"；然后以"集体"的位置为指示参照点，"个体"向"集体"移动并靠拢，表达"个体加入集体"。当表达"个体离开集体"时，打手语人仍是以"集体"的位置为指示参照点，但"个体"离开"集体"向右移动。由此可见，移位性动词"加入"、"离开"是以他物——"集体"的位置为指示参照点的，移动方向相反，表达的含义亦相反。

（1）以指点在场他物位置为参照的移位性动词的空间指示

聋人手语会话中，看手语人在场时，打手语人表达移位性动词，常常以指点的在场他物的位置为指示参照点移动方位。如下例：

【例 3-33】

我去山下散步。

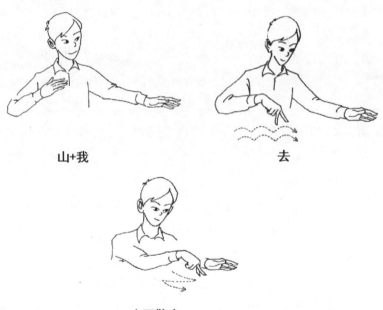

图 3-30　例 3-33 手语示图

例 3-33 是选自研究者采集的聋人手语语例，语例的手形、朝向、位置、动作，相应的表情、姿势，以及表达的意义，具体见表 3-30：

表 3-30　例 3-33 手语分析

汉语转写	手形	朝向	位置	动作	表情	姿势	表达的意义
山 + 我	左手伸掌，五指微屈；右手伸掌。	左手掌心向前下，指尖向左；右手掌心向内，指尖向左上。	胸前	左手掌指向身体左前方较远处；右手掌贴于胸前。	惬意	稍面向左边	用左手掌指向身体左前较远处的山，表达"山"。用右手掌指向自己，表达"我"。
去	左手伸掌，五指微屈；右手伸食、中指，全屈其余三指。	左手掌心向前下，指尖向左；右手掌心向右，食、中指尖向下。	胸部	左手掌指向身体左前方较远处；右手自右向左移动，同时食、中指尖向下、交替摆动。	惬意	稍面向左边，头微低	用左手掌指向身体左前较远处的山，表达"山"。用右手伸食、中指，指尖向下、交替摆动，模拟人走路状，自身前向"山"处移动，表达"去"。
山下散步	左手伸掌，五指微屈；右手伸食、中指，全屈其余三指。	左手掌心向前下，指尖向左；右手掌心向内，食、中指尖向下。	胸部	左手掌指向身体左前方较远处；右手靠近左手掌心处来回移动，同时食、中指尖向下、交替摆动。	惬意	稍面向左边，头微低	用左手掌指向身体左前较远处的山，表达"山"；用右手伸食、中指，指尖向下、交替摆动，在左手掌心旁来回移动，模拟人在山下散步状，表达"山下散步"。

　　如例 3-33 的图与表所示，例 3-33 会话双方均在场，打手语人始终以指点的"山"所处的位置为指示参照点，表达"我去山下散步"，动词"去"、"散步"的方位移动简洁明了。

　　（2）以模拟他物及其所处位置为参照的移位性动词的空间指示

　　聋人手语会话中，移位性动词的方位移动，还常常会以手模拟的他物及其所处的位置为指示参照点。如，前文所述的例 3-28 "下班后，丈夫去接孩子回家，妻子去买菜做饭"中的"回家"，打手语者就是运用了模拟他物及其所处位置为参照的物体方位的空间指示的用法。首先，打手语者用左手掌斜置于胸前，用模拟房子外形的一半手势指代"处所"；接着用右手伸拇、小指模拟人外形，并以左掌所处的位置为指示参照点，自外向内移动，置于左掌指代的"处所"内，表达"回"处所；最后用双手掌中指尖相抵置于胸前，完整模拟房子外形，表达"处所"，此句中的处所

语用学视角下的聋人手语研究

即"家"。

通过对动态语境下聋人手语空间指示的规律进行探索、分析，我们可以得到以下结论：

一是聋人手语表达常常以自身或他物的位置或方位为指示参照点，指点或移动物体的位置或方位，以使表达直接、简洁、清晰，便于理解。

二是聋人手语表达的自身和他物两类空间参照存在着与有声语言空间表达相似的特点。以"来、去"为例，聋人手语与汉语的表达中都存在着语言信息编码过程中的象似性特征。自身参照"来"为向心式（离参照物越来越近）移动，"去"为离心运动。聋人手语通过手势的运动方向表达物体运动方向，显然，二者之间的一致性建立在象似性基础之上，这一认知基础也是理解聋人手语的关键所在。

三是聋人手语的空间表达在象似性特征的基础上存在着编码方式的复杂程度差异。从形式看，自身参照较为简单，而他物参照更为复杂。这可以从参照点的表达得到解释：他物参照常常需要在模拟他物的基础上再表达空间关系，并常常使用代形式以明确空间关系。也就是说，越是复杂的空间关系其手语表达也越复杂。同时，聋人手语内部也存在简单与复杂的差异。聋人手语表达充分利用了手指、手心——手背等部位及其运动方向，将空间参照与运动方式、动作主体的数量信息组合在一起，使信息的表达更为高效。

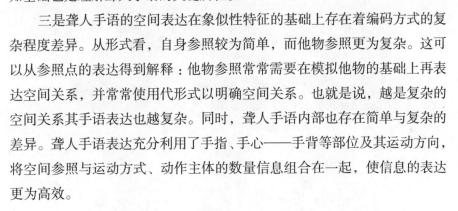

3.5　话语指示

话语指示（discourse deixis）指在说话过程中传递某信息或某类信息的词语或结构。有声语言中都存在一定的话语指示语，英语中如 earlier 与 later，the preceding 与 the following，the next 与 the last，the former 与 the latter，above 与 below，this 与 that 等，汉语中如"前者"与"后者"、"上次"与"下次"等等。这些指示词语可分别传达前述话语的信息或后述话语的信息，它们可单独使用，也可成对使用，在连续性话语中起着承上启下的作用或信息指向的作用（冉永平，2006）。聋人手语交际中，也同样存在着传递某信息或某类信息的词语或结构，即话语指示。

3.5.1 话语指示的信息来自语境

有声语言交际中出现的话语指示语，所指示的信息来自于语境；同样的，聋人手语交际中出现的话语指示语，所指示的信息也都来自于语境，如下例：

【例 3-34】

你觉得难，到你真正亲自去做时，1、2、3、4、5 逐个击破，都 ok 了。

——选自《跟团游与自助游》

例 3-34 是聋人手语语例《跟团游与自助游》中的一句，这句话的打手语人为李俊鹏。这句话的手语示图与手语分析如下：

你　　觉得　　难

到　　自己　　真

自己　　亲　　踏到

图 3-31　例 3-34 手语示图（一）

如图 3-31 所示，我们来分析前半句话的手形、朝向、位置、动作，相应的表情、姿势，以及表达的意义，具体见表 3-31：

表 3-31　例 3-34 手语分析（一）

汉语转写	手形	朝向	位置	动作	表情	姿势	表达的意义
你	右手伸食指，全屈其余四指。	右手掌心向下，食指尖向外。	胸部	右手食指向外指。	畏难	身正	用右手食指指向看手语人表达"你"。
觉得	右手伸食指，全屈其余四指。	右手掌心向左，食指尖向左。	头部	右手食指尖抵于右太阳穴处。	畏难	身正	用右手食指尖抵于右太阳穴处，表达"觉得"。
难	右手握拳。	右手掌心向左，拇指向后。	头部	右手握拳，以掌心对着右太阳穴轻碰一下。	畏难	身正	用右手握拳，掌心对着右太阳穴轻碰一下，表达"难"。
到	左手伸拇、小指，全屈其余三指。	左手掌心向右，指尖向前。	胸部	左手伸拇、小指，自胸前向前下方移动。	认真	身正	用左手伸拇、小指，模拟人的外形，"人"自胸前向前下方移动，表达"到"。
自己	右手伸食指，全屈其余四指。	右手掌心向左下，食指尖向左上。	胸部	右手伸食指贴于左胸。	认真	头微低	用右手伸食指贴于左胸，表达"自己"。
真	双手伸食指，全屈其余四指。	左手掌心向下，食指尖向右；右手掌心向左后，食指尖向左前。	胸部	左手食指静置于胸前，右手食指敲打一下左手食指中部。	认真	头微低	用左手食指静置于胸前，右手食指敲打一下左手食指中部，表达"真"。
自己	右手伸食指，全屈其余四指。	右手掌心向左下，食指尖向左上。	胸部	右手伸食指贴于左胸。	认真	头微低	用右手伸食指贴于左胸，表达"自己"。
亲	右手伸掌，五指微屈。	右手掌心向后，指尖向上。	头部	右手掌指尖贴于右颊。	认真	头微低	用右手掌指尖贴于右颊，表达"亲"。
踏到	右手伸拇、小指，全屈其余三指。	右手掌心向左，指尖向前。	胸部	右手伸拇、小指，自胸前向前下方移动。	认真	头微低	用右手伸拇、小指，模拟人的外形，"人"自胸前向前下方移动，表达人去"踏到"。

击一　　　　　　　击二　　　　　　　击三

击四　　　　　　　击五　　　　　　　都

OK

图 3-32　例 3-34 手语示图（二）

如图 3-32 所示，我们来分析后半句话的手形、朝向、位置、动作，相应的表情、姿势，以及表达的意义，具体见表 3-32：

表 3-32　例 3-34 手语分析（二）

汉语转写	手形	朝向	位置	动作	表情	姿势	表达的意义
击一	右手屈食、中、无名、小指，拇、食指相捏；左手伸出食指，全屈其余四指。	右手掌心向左，拇指在上；左手掌心向内，食指尖向右。	胸部	右手屈食、中、无名、小指，拇、食指相捏，置于胸前，向下击打一下；同时左手伸出食指。	有信心	身正	用右手屈食、中、无名、小指，拇、食指相捏，模拟手持小棍或小锤状；用右手向下击打一下，模拟击打状，同时左手伸出食指，模拟数量"一"，表达击破一个，即"击一"。

汉语转写	手形	朝向	位置	动作	表情	姿势	表达的意义
击二	右手屈食、中、无名、小指，拇、食指相捏；左手伸食、中指分开，全屈其余三指。	右手掌心向左，拇指在上；左手掌心向上，食、中指尖向右前。	胸部	右手屈食、中、无名、小指，拇、食指相捏，向旁移动一下再向下击打一下；同时左手食指不动，再伸出中指。	有信心	身正	用右手屈食、中、无名、小指，拇、食指相捏，模拟手持小棍或小锤状；用右手向旁移动一下再向下击打一下，模拟击打第二个状，同时左手食指不动，再伸出中指，模拟数量"二"，表达击破二个，即"击二"。
击三	右手屈食、中、无名、小指，拇、食指相捏；左手伸食、中、无名指分开，全屈其余二指。	右手掌心向左，拇指在上；左手掌心向上，食、中、无名指尖向右前。	胸部	右手屈食、中、无名、小指，拇、食指相捏，向旁移动一下再向下击打一下；同时左手食、中指不动，再伸出无名指。	有信心	身正	用右手屈食、中、无名、小指，拇、食指相捏，模拟手持小棍或小锤状；用右手向旁移动一下再向下击打一下，模拟击打第三个状，同时左手食、中指不动，再伸出无名指，模拟数量"三"，表达击破三个，即"击三"。
击四	右手屈食、中、无名、小指，拇、食指相捏；左手伸食、中、无名、小指分开，屈拇指。	右手掌心向左，拇指在上；左手掌心向上，食、中、无名、小指尖向右前。	胸部	右手屈食、中、无名、小指，拇、食指相捏，向旁移动一下再向下击打一下；同时左手食、中、无名指不动，再伸出小指。	有信心	身正	用右手屈食、中、无名、小指，拇、食指相捏，模拟手持小棍或小锤状；用右手向旁移动一下再向下击打一下，模拟击打第四个状，同时左手食、中、无名指不动，再伸出小指，模拟数量"四"，表达击破四个，即"击四"。
击五	右手屈食、中、无名、小指，拇、食指相捏；左手伸五指分开。	右手掌心向左，拇指在上；左手掌心向上，指尖向前。	胸部	右手屈食、中、无名、小指，拇、食指相捏，向旁移动一下再向下击打一下；同时左手食、中、无名、小指不动，再伸出拇指。	有信心	头微昂	用右手屈食、中、无名、小指，拇、食指相捏，模拟手持小棍或小锤状；用右手向旁移动一下再向下击打一下，模拟击打第五个状，同时左手出食、中、无名、小指不动，再伸出拇指，模拟数量"五"，表达击破五个，即"击五"。

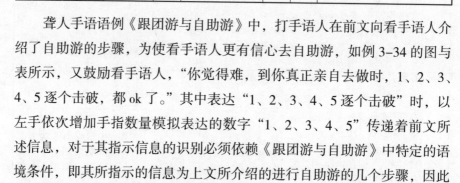

汉语转写	手形	朝向	位置	动作	表情	姿势	表达的意义
都	双手伸掌。	右手掌心向左，指尖向前上；左手掌心向右，指尖向前上。	头部	双手掌心相对，相距约10厘米，同时弧形向下移动，变为双手掌心相合。	有信心	身正	用双手掌心相对，相距约10厘米，同时弧形向下移动，变为双手掌心相合，表达"都"。
OK	双手拇、食指相捏，伸其余三指分开。	双手掌心向外、中、无名、小指尖向上。	头部	双手掌心向外、中、无名、小指尖向上，置于头前。	有信心	身正	用双手掌心向外、中、无名、小指尖向上，置于头前，模拟英文"OK"，表达"OK"。

聋人手语语例《跟团游与自助游》中，打手语人在前文向看手语人介绍了自助游的步骤，为使看手语人更有信心去自助游，如例3-34的图与表所示，又鼓励看手语人，"你觉得难，到你真正亲自去做时，1、2、3、4、5逐个击破，都ok了。"其中表达"1、2、3、4、5逐个击破"时，以左手依次增加手指数量模拟表达的数字"1、2、3、4、5"传递着前文所述信息，对于其指示信息的识别必须依赖《跟团游与自助游》中特定的语境条件，即其所指示的信息为上文所介绍的进行自助游的几个步骤，因此手语"1、2、3、4、5"为话语指示语。

3.5.2 话语指示的前指与后指

有声语言交际中，话语指示可指向前述信息或后述信息，指向前述信息为前指，指向后述信息为后指。英语中如 next 和 last，the preceding 和 the following 等，汉语中如"前者"与"后者"、"上次"与"下次"等等。聋人手语交际中，话语指示同样会指向前述信息或后述信息，如上例3-34中，手语"1、2、3、4、5"指向的是前述信息"进行自助游的几个步骤"，即前指。又如下例：

【例3-35】

有二种方法。第一种，拨110报警；第二种，拨医院急救电话120。这二种看情况用，这二种看情况用。

——选自《老人摔倒扶不扶》

例 3-35 是聋人手语语例《老人摔倒扶不扶》中的一句，这句话的打手语人也是李俊鹏。这句话的手语示图与手语分析如下：

有　　　　　　　二

种　　　　　　　方法

图 3-33　例 3-35 手语示图（一）

如图 3-33 所示，我们来分析这部分手语的手形、朝向、位置、动作，相应的表情、姿势，以及表达的意义，具体见表 3-33：

表 3-33　例 3-35 手语分析（一）

汉语转写	手形	朝向	位置	动作	表情	姿势	表达的意义
有	右手伸拇、食指分开，全屈其余三指。	右手掌心向内，食指尖向上。	头部	右手伸拇、食指置于头前，食指向内弯动几下。	认真	身正	用右手伸拇、食指置于头前，食指向内弯动几下，表达"有"。
二	右手伸食、中指分开，全屈其余三指。	右手掌心向内，食、中指尖向上。	头部	右手掌心向内，食、中指尖向上，置于头前。	认真	身正	用右手掌心向内，食、中指尖向上，置于头前，模拟数量"二"，表达"二"。

汉语转写	手形	朝向	位置	动作	表情	姿势	表达的意义
种	左手伸掌微屈；右手五指撮合。	左手掌心向上，指尖向前；右手掌心向下，指尖向下。	胸部	右手五指撮合，指尖贴于左手掌心。	认真	身正	用右手五指撮合，指尖贴于左手掌心，模拟种植状，以去声的"种"表达上声的"种"。
方法	双手伸食、中指，全屈其余三指。	左手掌心向右，食、中指尖向前；右手掌心向左，食、中指尖向前。	胸部	双手伸食、中指，指尖向前，在胸前交替上下移动几下。	认真	身正	用双手伸食、中指，指尖向前，表达"方法"汉语拼音的二个首手指字母"F"；用双手"F"在胸前交替上下移动几下，表达"方法"。

图 3-34　例 3-35 手语示图（二）

如图 3-34 所示，我们来分析这部分手语的手形、朝向、位置、动作、相应的表情、姿势，以及表达的意义，具体见表 3-34：

表 3-34　例 3-35 手语分析（二）

汉语转写	手形	朝向	位置	动作	表情	姿势	表达的意义
第一	双手伸食指，全屈其余四指。	左手掌心向内，食指尖向前上；右手掌心向下，食指尖向左上。	胸部	左手食指静置于胸前，右手食指向下移动搭在左手食指上。	认真	身正	用左手伸食指，模拟数量"一"，表达"一"；用右手食指指向左手食指，并搭在左手食指上，表达"第一"。
拨	左手伸掌；右手伸食指，全屈其余四指。	左手掌心向上，指尖向前；右手掌心向内，指尖向下。	胸部	右手食指尖置于左手掌心向外划动。	认真	身正	用左手掌心向上，指尖向前，模拟手机外形。用右手食指尖置于左手掌心向外划动，模拟手机发信息状（聋人因口语沟通不便，一般通过发送文字和视频信息沟通），表达"拨"。
报警	①右手五指半屈，指尖相抵。②右手五指张开。	手形①右手掌心向外，拇指在左。手形②右手掌心向外，拇指尖向左。	头部	右手手形①手背贴于额前，手变为手形②。	认真	身正	用右手背贴于额前，五指半屈、指尖相抵又张开，模拟警灯闪烁，表达"报警"。
110	①右手伸出食指，全屈其余四指。②右手五指半屈，拇指与食指相捏成圆形。	手形①掌心向左，食指尖向上。手形②掌心向左，拇指尖向上。	头部	右手置于头前，手形①向右移动一下，再向右移动一下变为手形②。	认真	身正	用右手伸出食指，模拟数量"1"。用右手五指半屈，拇指与食指相捏成圆形，模拟数量"0"。用右手自左向右移动，依次打出"1"、"1"、"0"，表达"110"。

第二　　　　　　　拨　　　　　　　急-救①

急-救②　　　　　急-救③　　　　　医院

1-2-0①　　　　　1-2-0②　　　　　1-2-0③

图 3-35　例 3-35 手语示图（三）

　　如图 3-35 所示，我们来分析这部分手语的手形、朝向、位置、动作，相应的表情、姿势，以及表达的意义，具体见表 3-35：

表 3-35　例 3-35 手语分析（三）

汉语转写	手形	朝向	位置	动作	表情	姿势	表达的意义
第二	左手伸食、中指，全屈其余三指；右伸食指，全屈其余四指。	左手掌心向内，食指尖向前上；右手掌心向下，食指尖向左上。	胸部	左手伸出食、中指，静置于胸前；右手食指向下移动搭在左手中指上。	认真	身正	用左手伸出食、中指，模拟数量"二"，表达"二"；右手食指指向左手中指，并搭在左手中指上，表达"第二"。

语用学视角下的聋人手语研究

98

汉语转写	手形	朝向	位置	动作	表情	姿势	表达的意义
拨	左手伸掌；右手伸食指，全屈其余四指。	左手掌心向上，指尖向右前；右手掌心向内，指尖向下。	胸部	右手食指尖置于左手掌心向外划动。	认真	身正	用左手掌心向上，指尖向前，模拟手机外形；用右手食指尖置于左手掌心向外划动，模拟手机发信息状（聋人因口语沟通不便，一般通过发送文字和视频信息沟通），表达"拨"。
急救	①左手伸拇、小指，全屈其余三指；右手伸掌微屈。②双手五指稍屈分开。③左手伸拇、小指，全屈其余三指，右手五指撮合。	手形①左手掌心向右，拇、小指尖向上；右手掌心向上，指尖向左前。手形②双手掌心向内，指尖向内。手形③左手掌心向右下，指尖向右上；右手掌心向外，指尖向前。	胸部	手形①左手伸拇、小指，右手掌置于左手右下方，双手同时向外移动。手形②双手五指稍屈，指尖靠近胸前，交替上下快速移动几下。手形③右手五指捏住左手拇指，双手同时向内移动。	认真	身正	用左手伸拇、小指，模拟人外形，拇、小指尖向上模拟"人"躺着；右手掌置于左手右下方，双手同时向外移动，模拟送病人去急救。用双手五指稍屈，指尖靠近胸前，交替上下快速移动几下，表达"急"；又用左手拇、小指尖向上模拟"人"躺着，右手捏住左手拇指，双手同时向内移动，模拟救人状，表达"救"。
医院	右手伸拇、食指，拇指垂直搭在食指上，全屈其余三指。	右手掌心向左，拇指尖向上。	头部	右手拇、食指搭成"十"字形，置于额前。	认真	头微低	用右手拇、食指搭成"十"字形，置于额前，模拟医院的标志，表达"医院"。
120	①右手伸出食指，全屈其余四指。②右手伸出食、中指，全屈其余三指。③右手五指半屈，拇指与食指相捏成圆形。	手形①、②掌心向左，食指尖向上。手形③掌心向左，拇指尖向上。	头部	右手手形①置于头前，向右移动一下变为手形②，再向右移动一下变为手形③。	认真	身正	用右手伸出食指，模拟数量"1"。用右手伸出食、中指，模拟数量"2"。用右手五指半屈，拇指与食指相捏成圆形，模拟数量"0"。用右手自左向右移动，依次打出"1"、"2"、"0"，表达"120"。

这二种   看情况

这二种   看情况

图 3-36 例 3-35 手语示图（四）

如图 3-36 所示，我们来分析这部分手语的手形、朝向、位置、动作、相应的表情、姿势，以及表达的意义，具体见表 3-36：

表 3-36 例 3-35 手语分析（四）

汉语转写	手形	朝向	位置	动作	表情	姿势	表达的意义
这二种	右手伸出食、中指，全屈其余三指。	右手掌心向左，食、中指尖向上。	头部	右手伸出食、中指置于头前。	认真	身正	用右手伸出食、中指，模拟数量"2"，表达前文所述的"这二种"。
看情况	双手伸掌。	左手掌心向上，指尖向右前；右手掌心向内，指尖向左前。	胸部	左手掌心向上静置于胸前，右手掌小指侧贴近左手掌，前后移动几下。	认真	头微低	用左手掌心向上静置于胸前；右手侧立于左手掌，前后移动，模拟看情况具体分析状，表达"看情况"。
这二种	右手伸出食、中指，全屈其余三指。	右手掌心向内，食、中指尖向上。	颈部	右手伸出食、中指置于颈前。	认真	头微仰	用右手伸出食、中指，模拟数量"2"，表达前文所述的"这二种"。

汉语转写	手形	朝向	位置	动作	表情	姿势	表达的意义
看情况	双手伸掌。	左手掌心向上，指尖向右前；右手掌心向内，指尖向左前。	胸部	左手掌心向上静置于胸前，右手掌小指侧贴近左手掌，前后移动几下。	认真	头微仰	用左手掌心向上静置于胸前；右手侧立于左手掌，前后移动，模拟看情况具体分析状，表达"看情况"。

由例 3-35 的四组手语示图与分析可见，打手语人表达的"有二种方法"为后指，所指向的信息是后面的"第一种，拨 110 报警"，和"第二种，拨医院急救电话 120"。而最后打手语人表达的"这二种看情况用，这二种看情况用"中的"这二种"为前指，所指向的信息是前面的"第一种，拨 110 报警"，和"第二种，拨医院急救电话 120"。这句话中后指与前指的信息内容相同，打手语人通过话语的前指与后指，使话语表达更为简洁、层次更为分明，看手语人更易于理解。

3.6 社交指示

从语用角度，社交指示（social deixis）是指用语言手段传递说话者与听话者关系或有目的地调整交际双方心理距离的指示形式（梁燕华，2013）。社交指示语体现于交际双方所使用的多种语言手段之中，意在适应社交的不同需求，尤其是人际关系的需要，包括权势、地位、职位、亲疏等关系（何自然，2009）。在一定程度上，社交指示语可视为人称指示语的一部分，因为它们体现的主要是人际关系。

在一定语境中，人称代词、称谓语以及非正式用语等的使用都体现为一种社交指示信息。有声语言中，如汉语，对自己谦称词语"鄙人"、"不才"、"下官"，对听话人的尊称词语"阁下"、"先生"、"女士"，对听话人的敬辞"您"。称谓语中还常常姓与职业、职务、学位连用，以示尊敬，如"李老师"、"张科长"、"王局"、"黄博"等。聋人手语的社交指示语，较少直接使用尊称词语和谦称词语，而是更多地体现于交际双方的手势动作的幅度、速度、力度、持续时间，以及表情、姿势中，以适应社交的不同需求，尤其是人际关系的需要，包括权势、地位、职位、亲疏等关系。

3.6.1　社交指示语“挥手”

聋人社交时，打手语人常常用“挥手”的手势向看手语人打招呼，向下挥动或左右挥动均可，这个社交指示语“挥手”，我们汉语转写为“嗨”。交际双方的社交指示语“嗨”的手势动作的幅度、速度、力度、持续时间，以及表情、姿势不同，其体现的社交需求及权势、地位、职位、亲疏关系将有所不同。如以下二例，社交指示语“嗨”就能显示交际双方的亲疏关系。

【例 3-36】

　　B：嗨！我有三个月这么久没见你了。

——选自《箭扣长城》

图 3-37　例 3-36 手语示图

　　例 3-36 是聋人手语语例《箭扣长城》中的一句，这个会话中 B 为李俊鹏，A 为张鹏。这句话的手语分析，包括手形、朝向、位置、动作，相

語用學視角下的聾人手語研究

应的表情、姿势，以及表达的意义，具体见表3-37：

表3-37　例3-36手语分析

汉语转写	手形	朝向	位置	动作	表情	姿势	表达的意义
嗨	右手伸掌。	右手掌心向外、指尖向上。	头部胸部	右手掌心向外、指尖向上置于头前，向下快速挥动一下。	随意	身正	用右手掌心向外、指尖向上置于头前，向下快速挥动一下，表达"嗨"。
我	右手伸掌。	右手掌心向内，指尖向左上。	胸部	右手掌心贴于胸前。	随意	身正	用右手掌心贴于胸前，指向自己，表达"我"。
三个月	左手伸食指，全屈其余四指；右手伸中、无名、小指，全屈其余二指。	左手掌心向右后，指尖向前；右手掌心向左，指尖向左前。	胸部	左手伸食指静置于胸前；右手伸中、无名、小指置于左手食指尖上方，右手小指侧自左手食指尖向指根划过。	好奇	身正	用右手伸中、无名、小指，模拟数量"三"，表达"三"；将"三"置于左手食指尖上方向指根划过，表达"三个月"。
很久	右手伸拇、食指，拇指尖捏食指根。	右手掌心向上，拇、食指尖向左上。	胸部	右手拇指尖捏食指根在胸前顺时针旋转几圈。	好奇	身正	用右手拇指尖捏食指根在胸前顺时针旋转几圈，表达"很久"。
见面	双手伸食、中指，微分开，全屈其余三指。	左手掌心向内，指尖向右上；右手掌心向外，指尖向左前。	头部胸部	双手食、中指尖前后相对，向中间移动一下，变为指尖靠近。	好奇	身正	用双手伸食、中指，微分开，模拟二人的目光；双手食、中指尖前后相对，向中间移动一下，指尖靠近，模拟二人的目光相碰，表达"见面"。
无	①双手五指半屈，拇指与食指相捏成圆形。②双手五指张开。	手形①左手掌心向右，拇指尖向上；右手掌心向左，拇指尖向上。手形②双手掌心向下，指尖向下。	头部胸部	双手五指半屈，拇指与食指相捏成圆形，置于头前，同时向下移动并张开五指	好奇	身正	用双手五指半屈，拇指与食指相捏成圆形，模拟数量"0"，双手"0"置于头前，同时向下移动并张开五指，表达"无"。

　　例3-36节选自《箭扣长城》的开场。如图与表所示，B的社交指示语"嗨"，手势动作随意而快速，表情、姿势也很随意。A对于B的社交

指示语"嗨"更是手势、表情、姿势都没有做任何社交回应，而对此，B毫不介意。以上社交指示信息显示了B与A的关系亲密，他们之间不需要通过社交指示语拉进双方的心理距离。B之后表达的感到好奇的话语"我有三个月这么久没见你了"，更显示了B与A的关系很铁。

再如下例，同样是社交指示语"嗨"，手势、表情、姿势均有不同，显示交际双方的亲疏关系也是不同的。

【例3-37】

A：嗨！

C：嗨！

A：你工作累吗？

C：额，还行。

——选自《过年旅游行不行》

语用学视角下的聋人手语研究

嗨	嗨
你	工作

累

额

还行

图 3-38　例 3-37 手语示图

　　例 3-37 是聋人手语语例《过年旅游行不行》中的开场会话。这几句话中 A 为张鹏，C 为李磊。这几句话的手语分析，包括手形、朝向、位置、动作，相应的表情、姿势，以及表达的意义，具体见表 3-38：

表 3-38　例 3-37 手语分析

汉语转写	手形	朝向	位置	动作	表情	姿势	表达的意义
嗨	右手伸掌。	右手掌心向外，指尖向上。	头部	右手掌心向外、指尖向上置于头前，左右快速而有力地挥动几下。	非常热情	身正	用右手掌心向外、指尖向上置于头前，左右快速而有力地挥动几下，表达"嗨"。
嗨	右手伸掌。	右手掌心向外，指尖向上。	头部	右手掌心向外、指尖向上置于头前，左右快速而有力地挥动几下。	非常热情	身体微前倾	用右手掌心向外、指尖向上置于头前，左右快速而有力地挥动几下，表达"嗨"。
你	右手伸食指，全屈其余四指。	右手掌心向左，食指尖向前。	胸部	右手伸食指指向前方。	关心	身正	用右手伸食指指向看手语人，表达"你"。

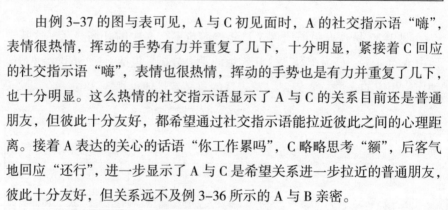

汉语转写	手形	朝向	位置	动作	表情	姿势	表达的意义
工作	双手握拳。	双拳掌心向内，拇指在上。	胸部	右拳砸二下左拳虎口。	关心	身正	用右拳砸二下左拳虎口，表达"工作"。
累	右手握拳。	右拳掌心向内下，拇指在上。	胸部	右拳敲几下左上臂。	关心疑问	身正	用右手握拳敲几下左上臂，模拟劳累时敲打手臂状，配疑问表情表达"累吗"。
额	无	无	无	无	思考	头微抬	没有手势，头微抬、口微张，面露思考状，汉语转写为"额"。
还行	①右手伸掌。②右手食、中、无名、小指根屈，与掌垂直。	手形①右手掌心向外，指尖向上。手形②右手掌心向外，指尖向前。	胸部	右手掌心向外，弯动食、中、无名、小指的指根几下。	客气	身正	用右手掌心向外，食、中、无名、小指弯动几下，表达"还行"。

由例 3-37 的图与表可见，A 与 C 初见面时，A 的社交指示语"嗨"，表情很热情，挥动的手势有力并重复了几下，十分明显，紧接着 C 回应的社交指示语"嗨"，表情也很热情，挥动的手势也是有力并重复了几下，也十分明显。这么热情的社交指示语显示了 A 与 C 的关系目前还是普通朋友，但彼此十分友好，都希望通过社交指示语能拉近彼此之间的心理距离。接着 A 表达的关心的话语"你工作累吗"，C 略略思考"额"，后客气地回应"还行"，进一步显示了 A 与 C 是希望关系进一步拉近的普通朋友，彼此十分友好，但关系远不及例 3-36 所示的 A 与 B 亲密。

3.6.2 社交指示语"竖拇指"

聋人社交时，打手语人还常常用向看手语人竖拇指打招呼，这个竖拇指的社交指示语，我们根据语境，汉语可以转写为"好"、"你好"或"您好"等等。打手语人向看手语人竖拇指的手势动作的幅度、速度、力度、持续时间，以及表情、姿势不同，其体现的社交需求及权势、地位、职位、亲疏关系也将有所不同。如下例：

【例3-38】

E：大哥好！

B：你好！

——选自《叫外卖》

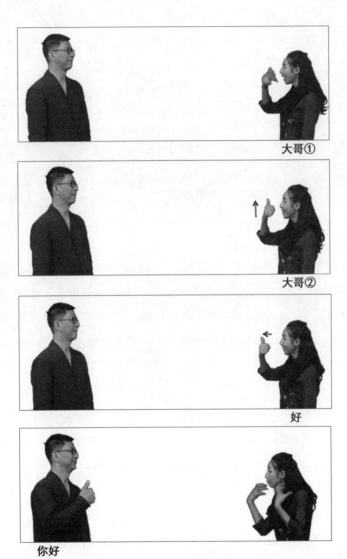

大哥①

大哥②

好

你好

图3-39　例3-38手语示图

例3-38是聋人手语语例《叫外卖》中的开场会话。这二句话中B为李俊鹏，E为刘欢。这二句话的手语分析，包括手形、朝向、位置、动作，相应的表情、姿势，以及表达的意义，具体见表3-39：

表3-39　例3-38手语分析

汉语转写	手形	朝向	位置	动作	表情	姿势	表达的意义
大哥	①右手伸拇、食、中指，全屈其余二指。②右手伸拇指，全屈其余四指。	手形①右手掌心向内，拇、食、中指尖向左。手形②右手掌心向内，拇指尖向上。	头部胸部	手形①右手伸拇、食、中指，中指靠近口前。手形②右手伸拇指自胸前向上移动。	非常热情	身正	用右手伸拇、食、中指，中指靠近口前，表达"哥"。用右手伸拇指，指尖向上，并向上移动，表示地位高或年龄大，表达"大"。
好	右手伸拇指全屈其余四指。	右手掌心向内，拇指尖向上。	头部	右手伸拇指向外微移。	非常热情	身正	用右手伸拇指，指尖向上，向看手语人微移，表达"好"。
你好	右手伸拇指全屈其余四指。	右手掌心向左，拇指尖向上。	胸部	右手伸拇指，指向前方并稍保持。	友好	身正	用右手伸拇指，指向看手语人，并稍保持。

由例3-38的图与表可见，B与E初见面时，E使用了对看手语人的尊称词语"大哥"，表达时是"哥＋大"修饰语后置，这也是聋人手语表达的一个特点。即：先表达"哥"，这里E的动作很快，产生变体（右手中指靠近口前），并省略了"哥"手势中的男（右手伸掌置于头右侧）的动作；后表达"大"，E以右手竖拇指向上移动，表达有地位或年长一些的人，修饰前面的"哥"。E接着"竖拇指"向看手语人微移，表达对B的问候"好"。E的表情很热情，也很尊重B，手势和表情都包含了对B的敬辞"您"。紧接着B回应的社交指示语"竖拇指"——你好，表情也很友好。从这个语例的后述内容可知，E的表情很热情，一方面是非常尊重B，另一方面是希望拉进与B的心理距离，恳请B能够放下忙碌的工作陪她去吃饭。B虽然工作十分忙碌，但对于E的热情友好，也友好地回应了"你好"，并友好地帮助E叫外卖。

综上所述，聋人手语作为一种视觉语言，指示语是聋人日常言语交际中十分常见的现象。聋人手语的指示语按语义指向，可分为人称指示、时间指示、空间指示、话语指示和社交指示，其与有声语言有相似之处，更有差异之处。

语用学视角下的聋人手语研究

人称指示，聋人手语存在与有声语言相似的独立表达，更存在作为空间表达所特有的蕴含于数词或动词中的蕴含表达，而且看手语人理解时还无需相应变换人称指示。

时间指示，聋人手语和有声语言相似，需要根据语境确定指示的时间信息。聋人手语指示过去和将来的时间信息，一般是以身体为界，指向身体后方为过去，指向身体前方为将来。

空间指示，聋人手语表达常常以自身或他物的位置或方位为指示参照点，指点或移动物体的位置或方位，以使表达直接、简洁、清晰，便于理解。聋人手语表达的自身和他物两类空间参照存在着与有声语言空间表达相似的特点，即都存在着语言信息编码过程中的象似性特征。聋人手语的空间表达在象似性特征的基础上存在着编码方式的复杂程度差异，如他物参照会在模拟他物的基础上再表达空间关系，并常常使用代形式以明确空间关系。聋人手语还充分利用了手指、手心——手背等部位及其运动方向，将空间参照与运动方式、动作主体的数量信息组合在一起，使信息的表达更为高效。

话语指示，聋人手语和有声语言相似，话语指示的信息是来自语境，既可指向前述信息又可指向后述信息，聋人手语的话语指示使聋人手语的表达更为简洁、层次更为分明，看手语人易于理解。

社交指示，聋人手语较少和有声语言那样直接使用尊称词语和谦称词语，而是更多地体现于交际双方的手势动作的幅度、速度、力度、持续时间，以及表情、姿势中，以适应社交的不同需求，尤其是人际关系的需要，包括权势、地位、职位、亲疏等关系。

第四章

聋人手语会话含意研究

4.1 会话含意

会话含意（conversational implicature）是美国语言哲学家格赖斯（H.P.Grice）首先提出的，是语用学的核心内容（索振羽，2000）。会话含意是指在言语交际中语义意义以外的隐含信息（冉永平，2006）。

在有声语言中，会话含意需要听话人根据相关的语境因素进行推理，以获得语义意义以外的交际信息，它是一种言外之意、弦外之音。如下例：

【例 4-1】

甲：晚上去喝一杯吧？

乙：我儿子回来了。

例 4-1 中，乙面对甲的邀请，没有直接接受或拒绝，而是向甲陈述信息"我儿子回来了"，甲不能直接根据乙说的语义意义获取表面的信息，而要推理出这语义意义以外隐含的信息，即"乙的儿子回来了，晚上乙要陪儿子，不能和自己喝一杯了"。

在聋人手语交际中，同样存在语义意义以外的隐含信息，同样需要看手语人根据相关的语境因素进行推理，以获得语义意义以外的交际信息，同样是一种言外之意、弦外之音。例如：

【例 4-2】

A—昨天你怎么没来学校打篮球啊？

B—哎，我本来想来的，吃完早餐后，妈妈突然要我陪她去买菜。

——选自《手语基础教程》（郑璇，2015）

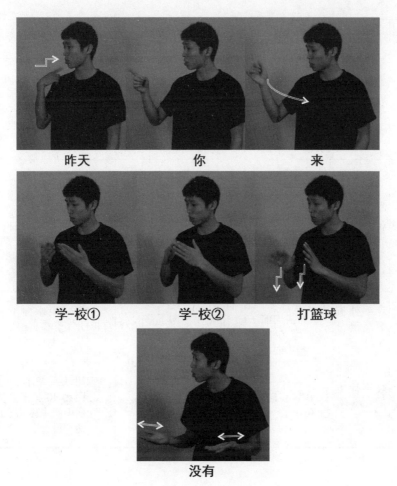

图 4-1　例 4-2 手语示图（一）

例 4-2 手语示图（一）所示这句话的手语分析，包括手形、朝向、位置、动作，相应的表情、姿势，以及表达的意义，具体见表 4-1：

表 4-1　例 4-2 手语分析（一）

汉语转写	手形	朝向	位置	动作	表情	姿势	表达的意义
昨天	右手伸食指，全屈其余四指。	右手掌心向后，食指尖向后。	肩部	右手食指向右肩后指几下。	奇怪	身正	用右手食指向右肩后指几下，表达过去的一天，即"昨天"。
你	右手伸食指，全屈其余四指。	右手掌心向左，食指尖向外。	胸部	右手食指尖指向右胸前方。	奇怪	身正	用右手食指尖指向看手语人，表达"你"。

汉语转写	手形	朝向	位置	动作	表情	姿势	表达的意义
来	右手伸拇、小指，全屈其余三指。	①右手掌心向左，拇、食指尖向前。②右手掌心向内，拇、食指尖向左。	胸部	右手伸拇、食指置于右胸前方，自外向内移动，由朝向①变为朝向②。	奇怪	身正	用右手伸拇、小指，全屈其余三指，模拟人的外形，表达"人"；"人"自外向内移动，表达"来"。
学校	双手伸掌。	①双手掌心向上；左手指尖向右前，右手指尖向左前。②左手掌心向右下，指尖向右上；右手掌心向左下，指尖向左上。	胸部	双手掌朝向①，置于胸前；双手掌朝向②，中指尖相抵置于胸前。	奇怪	身正	用双手掌心向上置于胸前，表达"读书"，即"学"。用双手掌斜伸，中指尖相抵置于胸前，模拟建筑，表达"处所"，即"校"。
打篮球	双手伸五指，稍分开。	左手掌心向右下，指尖向前；右手掌心向左下，指尖向前。	胸部	双手掌向下移动几下。	奇怪	身正	用双手掌向下移动几下，模拟拍打篮球状，表达"打篮球"。
没有	双手伸五指，微分开。	双手掌心向上，指尖向前。	胸部	双手置于胸下方，双手掌相距约40厘米，同时向中间平移几下。	奇怪	身体微前倾	用双手掌心向上相距约40厘米，同时向中间平移几下，表达"没有"。

哎　　　　　　　我　　　　　　本-来①

语用学视角下的聋人手语研究

112

本-来②　　　　　想　　　　　去

图 4-2　例 4-2 手语示图（二）

例 4-2 手语示图（二）所示这句话的手语分析,包括手形、朝向、位置、动作,相应的表情、姿势,以及表达的意义,具体见表 4-2：

表 4-2　例 4-2 手语分析（二）

汉语转写	手形	朝向	位置	动作	表情	姿势	表达的意义
哎	左手伸掌,微屈;右手握拳。	左手掌心向上,指尖向左上;右手掌心向内,拇指在上。	胸部	左手伸掌静置于胸下方;右手握拳小指有力砸在左手掌心。	遗憾	身正	用右手握拳有力砸在左手掌心,面露遗憾状,表达"哎"。
我	右手伸掌稍屈。	右手掌心向内,指尖向内。	胸部	右手掌心向内,指尖贴于胸前。	遗憾	身正	用右手掌指向自己,表达"我"。
本来	①双手伸掌。②右手伸拇、小指,全屈其余三指。	手形①左手掌心向上,指尖向前;右手掌心向下,指尖向前。手形②右手掌心向内,拇、小指尖向左。	胸部	手形①双手掌心相对,指尖相抵,左手在下不动,右手腕向下微压一下。手形②右手伸拇、小指向内移动一下。	遗憾	身正	用双手掌心相对,指尖相抵,左手在下不动,右手腕向下微压一下,表达"本"。用右手伸拇、小指,模拟人的外形,"人"向内移动,表达"来"。
想	右手伸食指,全屈其余四指。	右手掌心向左,食指尖向左上。	头部	右手食指置于头右侧顺时针转一圈。	遗憾	头右倾	用头右倾,右手食指置于头右侧顺时针转一圈,模拟思考状,表达"想"。
去	右手伸拇、小指,全屈其余三指。	右手掌心向内,拇、小指尖向左。	胸部	右手伸拇、小指向外移动一下。	遗憾	身正	用右手伸拇、小指,模拟人的外形,"人"向外移动,表达"去"。

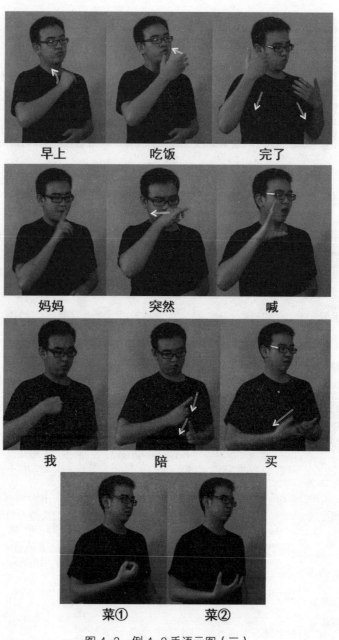

早上　　　　　吃饭　　　　　完了

妈妈　　　　　突然　　　　　喊

我　　　　　　陪　　　　　　买

菜①　　　　　菜②

图 4-3　例 4-2 手语示图（三）

　　例 4-2 手语示图（三）所示这句话的手语分析，包括手形、朝向、位置、动作，相应的表情、姿势，以及表达的意义，具体见表 4-3：

表 4-3　例 4-2 手语分析（三）

汉语转写	手形	朝向	位置	动作	表情	姿势	表达的意义
早上	①右手稍屈食、中、无名、小指根，拇指与食指相捏。②右手伸掌。	手形①右手掌心向左下，指尖向左。手形②右手掌心向内，指尖向左。	胸部头部	右手先手形①置于胸前，向上移动后变为手形②。	遗憾	身正	用右手稍屈食、中、无名、小指根，拇指与食指相捏，再向上移动打开手掌，表达光线由暗变亮状，即"早上"。
吃饭	右手伸掌。	右手掌心向内，指尖向左。	头部	右手掌心向内置于口前，向内移动几下。	遗憾	身正	用右手掌心向内置于口前，指尖对着口移动几下，模拟吃饭状，表达"吃饭"。
完了	双手伸掌，五指稍屈分开。	①双手掌心向内，指尖向内。②双手掌心向下，指尖向下。	胸部	双手掌朝向①置于胸前，同时向外甩动手腕，变为朝向②。	遗憾	身正	用双手掌心向内置于胸前，同时向外甩动手腕，变为掌心向下，表达"完了"。
妈妈	右手伸食指，全屈其余四指。	右手掌心向左，食指尖向上。	头部	右手食指侧贴于唇。	遗憾	身正	用右手食指侧贴于唇，表达"妈妈"。
突然	①右手伸食、小指，全屈其余三指。②右手伸掌。	手形①掌心向下，食、小指向左。手形②掌心向左下，指尖向左上。	头部	手形①右手食指置于鼻下，向右快速移动，变为手形②。	遗憾	身正	用右手伸食、小指，食指置于鼻下，向右快速移动，并伸直五指。
喊	右手伸掌，拇指张开并与食指相对。	右手掌心向左外，拇指尖向左。	头部	右手伸掌，拇指张开并与食指相对，贴于口右侧。	遗憾	身正	用右手伸掌，拇指张开并与食指相对，贴于口右侧，模拟喊叫状，表达"喊"。
我	右手伸食指，全屈其余四指。	右手掌心向内，食指尖向内。	胸部	右手食指尖贴于胸部。	遗憾	身正	用右手食指指向自己表达"我"。
陪	双手伸食指，全屈其余四指。	左手掌心向右下，食指尖向右上；右手掌心向左下，食指尖向左上。	胸部	双手伸食指，左手在前，右手在后，双手同时向外移动。	遗憾	头微低	用左手伸食指在前，表达"他人"；用右手伸食指在后，表达"自己"；用双手同时向前移动，表达自己"陪"他人。

第四章　聋人手语会话含意研究

汉语转写	手形	朝向	位置	动作	表情	姿势	表达的意义
买	双手伸掌。	双手掌心向上；左手指尖向右前，右手指尖向左前。	胸部	左手掌静置于胸前，右手掌背轻贴左手掌心后向内移动。	遗憾	身正	用左手掌静置于胸前，右手掌背轻贴左手掌心后向内移动,表达把东西"买"进来。
菜	①右手五指半屈指尖相抵。②右手五指稍屈分开。	手形①右手掌心向上，拇指尖向外。手形②右手掌心向上，指尖向上。	胸部	手形①置于胸前，向上移动变为手形②。以上动作再反复一次。	遗憾	身正	用右手掌心向上、五指半屈、指尖相抵，边向上移动边张开五指，模拟菜成长状，表达"菜"。

如例 4-2 的图与表所示，例 4-2 中，B 面对 A 的提问"昨天你怎么没来学校打篮球啊"，B 陈述的信息是"哎，我本来想来的，吃完早餐后，妈妈突然要我陪她去买菜"，A 根据 B 打出的手语的语义意义，可以推理出隐含的信息，即"我妈妈突然要我陪她去买菜，我去买菜了，就没有来打篮球"。

4.2 合作原则与会话含意

4.2.1 合作原则

美国语言哲学家格赖斯提出了一套有关言语交际的原则——合作原则（cooperaltive principle）。他认为，在正常的情况下，人们的会话不是由一串不连贯、无条理的话语组成的。因为会话的参与者都在某种程度上意识到一个或一组共同的目的，或至少有一个彼此都接受的方向。这种目的或方向，可能是一开始就相当明确的，可能是不太明确的，也可能是会话过程中逐渐明确的。会话过程中，不适合会话目的或方向的话语被放弃，使会话得以顺利进行。因此，"合作原则"是会话参与者共同遵守的一般原则，即在参与会话时，要使你所提供的信息符合你所参与的会话的公认目的或方向（索振羽，2000）。格赖斯的合作原则是基于有声语言的言语交际提出的，同样适用于手语的言语交际。

格赖斯还提出合作原则包括四个范畴——量、质、关系、方式，每个范畴又包括相应的准则（maxim）及其相关的次准则（sub-maxim）（冉永平，2006）。

4.2.1.1 量准则（Quantity Maxim）

指所提供的信息的量。

①所提供的信息应包含为当前会话目的所需要的信息；

②所提供的信息不应包含多于需要的信息（索振羽，2000）。

如下例：

【例4-3】

我家有五口人：爷爷、爸爸、妈妈、我和妹妹。

——选自《手语基础教程》（郑璇，2015）

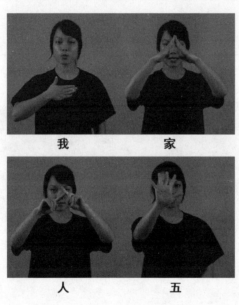

图4-4 例4-3手语示图（一）

例4-3手语示图（一）所示这句话的手语分析，包括手形、朝向、位置、动作，相应的表情、姿势，以及表达的意义，具体见表4-4：

表 4-4　例 4-3 手语分析（一）

汉语转写	手形	朝向	位置	动作	表情	姿势	表达的意义
我	右手伸掌。	右手掌心向内，指尖向左。	胸部	右手掌心贴于胸前。	友好	身正	用右手掌心贴于胸前，指向自己，表达"我"。
家	双手伸掌。	左手掌心向右下，指尖向右上；右手掌心向左下，指尖向左上。	头部	双手掌中指尖相抵置于头前。	友好	身正	用双手掌斜伸，中指尖相抵置于胸前，模拟房子外形，表达"处所"，此处为"家"。
人	双手伸食指，全屈其余四指。	左手掌心向右下，食指尖向右上；右手掌心向左下，食指尖向左上。	头部	双手置于头前，右手食指尖抵在左手食指腹下。	友好	身正	用右手食指尖抵在左手食指腹下，模拟汉字"人"，表达"人"。
五	右手五指张开。	右手掌心向外，指尖向上。	头部	右手五指张开置于头前。	友好	身正	用右手五指张开，模拟数量"五"，表达"五"。

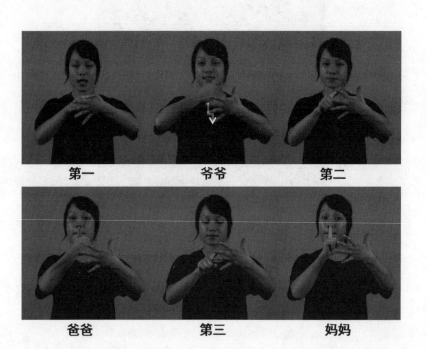

第一　　　爷爷　　　第二

爸爸　　　第三　　　妈妈

第四　　　　　我　　　　　第五

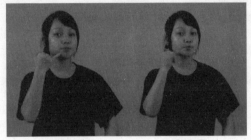

妹妹①　　　　妹妹②

图4-5　例4-3手语示图（二）

例4-3手语示图（二）所示这句话的手语分析,包括手形、朝向、位置、动作,相应的表情、姿势,以及表达的意义,具体见表4-5:

表4-5　例4-3手语分析（二）

汉语转写	手形	朝向	位置	动作	表情	姿势	表达的意义
第一	左手五指张开；右手伸食指,全屈其余四指。	左手掌心向内,指尖向右；右手掌心向左,食指尖向左上。	胸部	左手五指张开静置于胸前,右手食指腹靠向左手拇指内侧。	友好	身正	用左手五指张开,模拟数量"五",表达总数是"五";用右手食指腹靠向左手拇指内侧,表达"第一"。
爷爷	①右手伸掌,微屈,拇指张开。②右手虚握拳。	手形①右手掌心向内,拇指尖向上,其余四指尖向左。手形②右手掌心向内,拇指在上。	头部	手形①拇、食指贴于颊处,向下移动变为手形②,以手形②再上下移动一下。	友好	身正	用右手伸掌,微屈,拇指张开,贴于颊处,向下移动时虚握成拳,模拟捋胡须状,表达"爷爷"。

汉语转写	手形	朝向	位置	动作	表情	姿势	表达的意义
第二	左手五指张开；右手伸食指，全屈其余四指。	左手掌心向内，指尖向右；右手掌心向外，食指尖向左上。	胸部	左手五指张开静置于胸前，右手食指腹靠向左手食指腹。	友好	身正	用左手五指张开，模拟数量"五"，表达总数是"五"；用右手食指腹靠向左手食指腹，表达"第二"。
爸爸	右手伸拇指，全屈其余四指。	右手掌心向内，拇指尖向上。	头部	右手拇指侧贴于唇。	友好	身正	用右手拇指侧贴于唇，表达"爸爸"。
第三	左手五指张开；右手伸食指，全屈其余四指。	左手掌心向内，指尖向右；右手掌心向外，食指尖向左上。	胸部	左手五指张开静置于胸前，右手食指腹靠向左手中指腹。	友好	身正	用左手五指张开，模拟数量"五"，表达总数是"五"；用右手食指腹靠向左手中指腹，表达"第三"。
妈妈	右手伸食指，全屈其余四指。	右手掌心向左，食指尖向上。	头部	右手食指侧贴于唇。	友好	身正	用右手食指侧贴于唇，表达"妈妈"。
第四	左手五指张开；右手伸食指，全屈其余四指。	左手掌心向内，指尖向右；右手掌心向左前，食指尖向左前。	胸部	左手五指张开静置于胸前，右手食指腹靠向左手无名指腹。	友好	身正	用左手五指张开，模拟数量"五"，表达总数是"五"；用右手食指腹靠向左手无名指腹，表达"第四"。
我	右手伸食指，全屈其余四指。	右手掌心向内，食指尖向内。	胸部	右手食指尖贴于胸前。	友好	头微低	用右手食指尖指向自己，表达"我"。
第五	左手五指张开；右手伸食指，全屈其余四指。	左手掌心向内，指尖向右；右手掌心向左下，食指尖向左前。	胸部	左手五指张开静置于胸前，右手食指腹靠向左手小指腹。	友好	身正	用左手五指张开，模拟数量"五"，表达总数是"五"；用右手食指腹靠向左手小指腹，表达"第五"。
妹妹	右手伸拇、小指，全屈其余三指。	右手掌心向后，拇、小指尖向左上。	头部	右手伸拇、小指置于头右侧，小指贴向唇后移开，拇指贴向耳垂，以上动作反复几下。	友好	头微左转	用右手伸小指贴向唇，表达比自己"小"；用拇指贴向耳垂（拇、食指捏耳垂的变体），指示耳环，表达"女"。

由例4-3的图与表可见，例4-3中，如果该话语包括的信息是打手语人提供的全部信息，即打手语人家里只有五口人，而不是四口人或六口

人，这表明打手语人遵守了量准则。

4.2.1.2　质准则（Quality Maxim）

所提供的信息力求真实，尤其是：

①不要提供自知是虚假的信息：

②不要提供缺乏足够证据的信息（索振羽，2000）。

如下例：

【例4-4】

昨天天气很好，我们去了动物园。

——选自《手语基础教程》（郑璇，2015）

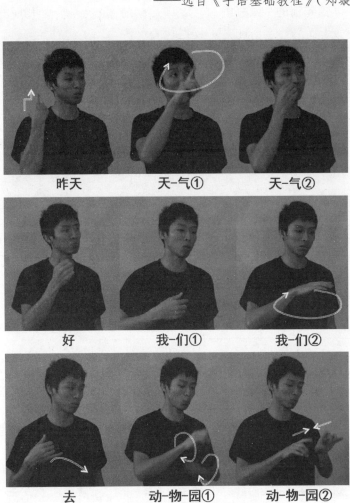

昨天	天-气①	天-气②
好	我-们①	我-们②
去	动-物-园①	动-物-园②

动-物-园③　　　　　　动-物-园④

图 4-6　例 4-4 手语示图

　　例 4-4 这句话的手语分析，包括手形、朝向、位置、动作，相应的表情、姿势，以及表达的意义，具体见表 4-6：

表 4-6　例 4-4 手语分析

汉语转写	手形	朝向	位置	动作	表情	姿势	表达的意义
昨天	右手伸食指，全屈其余四指。	右手掌心向后，食指尖向后。	肩部	右手食指向右肩后指几下。	友好	身正	用右手食指向右肩后指几下，表达过去的一天，即"昨天"。
天气	①右手伸食指，全屈其余四指。②右手拇、食、中指相捏，全屈其余二指。	手形①右手掌心向外，食指尖向上。手形②右手掌心向内，拇、食、中三指尖向内。	头部	手形①右手食指在头前转一圈。手形②右手拇、食、中三指置于鼻下。	友好	头微抬，看向上方	用右手食指指向天空转一圈，并抬头看向天空，表达"天"。用右手拇、食、中指相捏，表达"气"的首字母"Q"，"Q"置于鼻下，表达"气"。
好	右手伸拇指，全屈其余四指。	右手掌心向内，指尖向上。	胸部	右手伸拇指。	夸赞	身正	用右手伸拇指，表达"好"。
我们	①右手伸食指，全屈其余四指。②右手伸掌。	手形①右手掌心向内，食指尖向内。手形②右手掌心向下，指尖向左。	胸部	手形①右手食指尖贴于胸部。手形②右手掌心向下在胸前转一圈。	友好	身正	用右手食指指向自己，表达"我"。用右手掌心向下转一圈，表达"大家"。
去	右手伸拇、小指，全屈其余三指。	右手掌心向内，拇、小指尖向左。	胸部	右手伸拇、小指置于胸前，自右向左外侧移动。	友好	身正	用右手伸拇、小指，全屈其余三指，模拟人的外形，表达"人"；用"人"自右向左外侧移动，表达"去"。

汉语转写	手形	朝向	位置	动作	表情	姿势	表达的意义
动物园	①双手握拳。②双手伸食、小指，全屈其余三指。③双手五指分开，微屈。④右手伸食指，全屈其余四指。	手形①右拳掌心向下，拇指在左；左拳掌心向下，拇指在右。手形②双手掌心向下，食、小指尖向前。手形③双手掌心向下，指尖向前。手形④右手掌心向下，食指尖向下。	胸部	手形①双拳在胸前交替向外顺时针转一圈。双手变为手形②由身体二侧向中间靠拢，双手拇、食指互碰一下后分开，变为手形③。手形④右手食指向下顺时针转一圈。	友好	身正	用双拳在胸前交替向外顺时针转一圈，表达"动"。用双手伸食、小指，全屈其余三指，由身体二侧向中间靠拢，双手拇、食指互碰一下后分开，同时五指张开，表达"物"。用右手食指向下转一圈，模拟动物园的范围，表达"园"。

如果如例 4-4 的图与表所示，打手语人的确昨天去了动物园，这表明打手语人遵守了质准则。如果打手语人昨天并没有去动物园，这表明打手语人违反了质准则。

4.2.1.3　相关准则（Relevant Maxim）

在关系范畴下，只提出一个准则，即所提供的信息是相关的（索振羽，2000）。

如下例：

【例 4-5】

D：我想起来，你工作找得怎样？

E：工作找好了。

——选自《聋人找工作》

例 4-5 是选自聋人手语语例《聋人找工作》中的二句对话，这个语例中，D 是胡晓云，E 是刘欢。这二句话的手语示图与手语分析如下：

| 我 | 想起 | 你 |

| 找 | 工作 | 什么 |

图 4-7　例 4-5 手语示图（一）

　　例 4-5 手语示图（一）这句话的手语分析，包括手形、朝向、位置、动作，相应的表情、姿势，以及表达的意义，具体见表 4-7：

表 4-7　例 4-5 手语分析（一）

汉语转写	手形	朝向	位置	动作	表情	姿势	表达的意义
我	右手伸掌。	右手掌心向内，指尖向左上。	胸部	右手掌指尖贴于胸前。	关心	身正	用右手掌指尖贴于胸前，指向自己，表达"我"。
想起	右手伸食指，全屈其余四指。	右手掌心向左，食指尖向左上。	头部	右手食指尖在右太阳穴处点一下后稍向前转动。	关心	身正	用右手食指尖在右太阳穴处点一下后稍向前转动表达"思考"、"想"。
你	右手伸食指，全屈其余四指。	右手掌心向下，食指尖向前。	胸部	右手置于胸前，食指指向前方。	关心	身正	用右手食指指向看手语人表达"你"。

语用学视角下的聋人手语研究

汉语转写	手形	朝向	位置	动作	表情	姿势	表达的意义
找	双手伸食、中指，全屈其余三指。	双手掌心向下，食、中指尖向前。	胸部	双手伸食、中指，指尖向前，交替转动一圈。	关心	身体微前倾	用双手伸食、中指，指尖向前，模拟人的目光；双手交替转动一圈，模拟目光到处寻找状，表达"找"。
工作	双手握拳。	双拳掌心向内,拇指在上。	胸部	右拳砸一下左拳虎口。	关心	身体微前倾	用右拳砸一下左拳虎口,表达"工作"。
什么	右手伸食指，全屈其余四指。	右手掌心向左前，食指尖向左上。	胸部	右手左右微晃几下。	关心疑问	身体微前倾	用右手食指左右微晃几下表达"疑问"。

找　　　　　工作

好　　　　　了

图 4-8　例 4-5 手语示图（二）

　　例 4-5 手语示图（二）这句话的手语分析,包括手形、朝向、位置、动作,相应的表情、姿势,以及表达的意义,具体见表 4-8：

表 4-8　例 4-5 手语分析（二）

汉语转写	手形	朝向	位置	动作	表情	姿势	表达的意义
找	右手伸食、中指，全屈其余三指。	右手掌心向下，食、中指尖向前。	头部	右手食、中指尖向前，置于头前，向外转动一圈。	高兴	身正	用右手伸食、中指，指尖向前，置于头前，模拟人的目光；右手食、中指向外转动一圈，模拟目光到处寻找状，表达"找"。
工作	双手握拳。	双拳掌心向内，拇指在上。	胸部	右拳砸一下左拳虎口。	高兴	身正	用右拳砸一下左拳虎口，表达"工作"。
好	右手伸拇指，全屈其余四指。	右手掌心向左，拇指尖向上。	胸部	右手伸拇指置于胸前。	高兴	身正	用右手伸拇指，指尖向上，表达"好"。
了	①右手食、中、无名、小指稍屈。②右手伸掌。	手形①右手掌心向内，指尖向内。手形②右手掌心向下，指尖向前。	胸部	右掌手形①转动手腕向外甩出，变为手形②。	认真	身正	用右掌转动手腕向外甩出，表达"结束"，即"了"。

由例 4-5 的图与表可见，例 4-5 中，E 对于 D 的询问"你工作找得怎样"，直接进行了回答"工作找好了"，即 E 所提供的信息与 D 的询问之间是相关的，这说明 E 遵守了相关准则。如果 E 不想直接回答 D 的询问，回答了不相关的"今天天气真热啊"，这就说明 E 违反了相关准则。

4.2.1.4 方式准则（Manner Maxim）

即清楚明白地表达出要提供的信息，尤其要：

①避免晦涩；

②避免歧义；

③简练；

④有条理（索振羽，2000）。

如下例：

【例 4-6】

C：三个方面：第一，护照，我有的；第二，签证，你的方法我明白了，等有空，我去办；第三，订机票。

——选自《跟团游与自助游》

例4-6节选自手语会话《跟团游与自助游》。这个会话的表达者B为李俊鹏、C为李磊。在例4-6的前文中，B向C介绍了自助游需要做哪些准备工作，然后在此例中，C进行了梳理。

三/第一　　　　　　护照

我　　　　　　　　有

图4-9　例4-6手语示图（一）

例4-6手语示图（一）这句话的手语分析，包括手形、朝向、位置、动作、相应的表情、姿势，以及表达的意义，具体见表4-9：

表4-9　例4-6手语分析（一）

汉语转写	手形	朝向	位置	动作	表情	姿势	表达的意义
三/第一	左手伸中、无名、小指，全屈其余二指；右手伸食指，全屈其余四指。	左手掌心向内，中、无名、小指尖向右；右手掌心向外，食指尖向外。	胸部	左手伸中、无名、小指，置于胸前，右手食指尖点在左手中指尖上。	认真	头微右倾	用左手伸中、无名、小指，模拟数量"三"，表达共有"三"点；右手食指尖点在左手中指尖上，表达"第一"点。

汉语转写	手形	朝向	位置	动作	表情	姿势	表达的意义
护照	双手伸拇食、中指，全屈其余二指。	左手掌心向内，食、中指尖向右；右手掌心向内，食、中指尖向左。	胸部	双手伸拇、食、中指，指尖相对，同时向下移动。	认真	头微低	用双手伸拇、食、中指，指尖相对，同时向下移动，表达"护照"。
我	右手伸食指，全屈其余四指。	右手掌心向内，食指尖向内。	胸部	右手食指尖贴于胸部。	认真	头微低	用右手食指指向自己，表达"我"。
有	右手伸拇、食指，全屈其余三指。	右手掌心向内，拇、食指尖向上。	胸部	右手食指向内微弯动一下。	认真	头微低	用右手伸拇、食指，食指向内微弯动一下表达"有"。

第二　　　　　签证　　　　　你

方法①　　　　方法②　　　　我

明白　　　　　等　　　　　我

语用学视角下的聋人手语研究

去　　　办

图 4-10　例 4-6 手语示图（二）

例 4-6 手语示图（二）这句话的手语分析，包括手形、朝向、位置、动作，相应的表情、姿势，以及表达的意义，具体见表 4-10：

表 4-10　例 4-6 手语分析（二）

汉语转写	手形	朝向	位置	动作	表情	姿势	表达的意义
第二	左手伸中、无名、小指，全屈其余二指；右手伸食指，全屈其余四指。	左手掌心向内，中、无名、小指尖向右上；右手掌心向外，食指尖向左前。	胸部	左手伸中、无名、小指，置于胸前，右手食指尖点在左手无名指尖上。	认真	头微低	用左手伸中、无名、小指，模拟数量"三"，表达共有"三"点；右手食指尖点在左手无名指尖上，表达"第二"点。
签证	左手伸掌；右手伸食、中指，半屈分开，全屈其余三指。	左手掌心向内上，指尖向右上；右手掌心向内，食指在上。	胸部	左手掌置于胸前；右手半屈食、中指，夹住左手掌小鱼际处。	认真	头微左倾	用右手半屈食、中指，夹住左手掌小鱼际处，表达"签证"。
你	右手伸食指，全屈其余四指。	右手掌心向左，食指尖向外。	胸部	右手食指置于胸前指向前方。	认真	头微左倾	用右手食指指向看手语人表达"你"。
方法	双手张开拇、食指，全屈其余三指。	①左手掌心向内，食指尖向右；右手掌心向外，食指尖向左。②左手掌心向外，食指尖向右；右手掌心向内，食指尖向左。	胸部	双手朝向①张开的拇、食指相搭。翻转手腕变为朝向②张开的拇、食指再相搭。	认真	头微低	用双手掌心方向相反，张开拇、食指相搭，模拟方形；翻转手腕，双手拇、食指再相搭，模拟方形（聋人表达快时，方形会不太标准），表达"方法"。

汉语转写	手形	朝向	位置	动作	表情	姿势	表达的意义
我	右手五指稍屈。	右手掌心向内，指尖向内。	胸部	右手五指稍屈，食指尖贴于胸部。	认真	头微抬	用右手五指稍屈，指尖指向自己，表达"我"。
明白	右手伸掌。	①右手掌心向外，指尖向上。②右手掌心向下，指尖向前。	头部前、胸部	右手掌置于头前，朝向①向下挥动变为朝向②。	认真	头微抬	用右手掌心向外置于头前，向下挥动，表达"明白"。
等	右手伸掌。	右手掌心向下，指尖向左。	头部	右手掌指背贴于颏下。	认真	头微右倾	用右手掌指背贴于颏下，表达"等"。
我	右手伸食指，全屈其余四指。	右手掌心向内，食指尖向内。	头部	右手食指尖贴于鼻尖	认真	身正	用右手食指尖贴于鼻尖，指向自己，表达"我"。
去	右手伸拇、小指，全屈其余三指。	右手掌心向内，拇、小指尖向左。	胸部	右手伸拇、小指置于胸前，自右向左外侧移动。	认真	稍面向右边	用右手伸拇、小指，全屈其余三指，模拟人的外形，表达"人"；用"人"自右向左外侧移动，表达"去"。
办	双手伸掌，微屈。	左手掌心向下，指尖向右；右手掌心向下，指尖向左。	胸部	双手掌心向下置于胸前，交替上下移动几下，并互拍指背。	认真	稍面向右边	用双手掌心向下置于胸前，交替上下移动几下，并互拍指背，表达"办"事情。

第三　　　　　　　这

飞机　　　　　订

图 4-11　例 4-6 手语示图（三）

　　例 4-6 手语示图（三）这句话的手语分析，包括手形、朝向、位置、动作、相应的表情、姿势，以及表达的意义，具体见表 4-11：

表 4-11　例 4-6 手语分析（三）

汉语转写	手形	朝向	位置	动作	表情	姿势	表达的意义
第三	左手伸中、无名、小指，全屈其余二指；右手伸食指，全屈其余四指。	左手掌心向内，中、无名、小指尖向右上；右手掌心向前，食指尖向左前。	胸部	左手伸中、无名、小指，置于胸前，右手食指尖点在左手小指尖上。	认真	头微低	用左手伸中、无名、小指，模拟数量"三"，表达共有"三"点；用右手食指尖点在左手小指尖上，表达"第三"点。
这	右手伸食指，全屈其余四指。	右手掌心向左，指尖向前。	胸部	右手食指置于胸前指向前方。	认真	身正	用右手食指指向前方，表达"这"。
飞机	左手伸掌；右手伸拇、食、小指，全屈其余二指。	左手伸掌，掌心向内上，指尖向右上。右手①掌心向左下，拇、食、小指尖向左上；②掌心向外，拇、食、小指尖向上。	胸部	左手伸掌置于胸前；右手伸拇、食、小指，朝向①置于左手掌心，向前上方移动变为朝向②。	认真	稍面向左边	用左手伸掌置于胸前，模拟机坪形状；用右手伸拇、食、小指模拟飞机外形；用右手拇、食、小指置于左手掌心后向前上移动，模拟飞机起飞，表达"飞机"。
订	双手伸拇、食、中指相捏，全屈其余二指。	双手掌心向下，指尖向下。	胸部	双手拇、食、中指相捏，右手在上，左手在下，同时向下移动一下。	认真	抬头面向右边	用双手拇、食、中指相捏，同时向下移动一下，模拟双方签订协议状，表达"订"。

由例4-6的图与表可见，例4-6中，C所总结、梳理的三点信息："第一，护照，我有的；第二，签证，你的方法我明白了，等有空，我去办；第三，订机票"，简练而有条理，这表明C遵守了方式准则。

4.2.2　合作原则与会话含意

格赖斯为人际交际设置了理想化路径，即在言语交际中，提供信息的人应该遵守合作原则及其准则，要提供真实、足量、相关、简明的信息。并认为违反合作原则中某条或多条准则后可能产生会话含意，其与特定语境也密切联系，即含意的产生与准则的违反有关。

聋人手语在一定语境中，某一话语所隐含的语用信息（即含意）也会不仅仅是其字面意义。当打手语人故意违反合作原则的某条或多条准则时，就可能产生会话含意。如下例：

【例4-7】

C：你！我这腿！

D：什么？这，痛，什么？

C：你！你车撞人了，你！

D：我车先过来，你人再过来。我停好了的，什么啊？痛就去医院吧！

C：不！不！不！钱！钱！钱！

———选自《碰瓷》

例4-7，节选自手语小品《碰瓷》，这个手语小品的表达者B为李俊鹏，C为李磊，D为胡晓云，E为刘欢。在例4-7的前文中，C假装被撞，D和E赶紧停好车下去查看。在此例对话中，C提供的信息违反了质的准则与相关准则。

你　　　　　　　　　我这腿

图4-12　例4-7手语示图（一）

语用学视角下的聋人手语研究

例4-7手语示图（一）这句话的手语分析,包括手形、朝向、位置、动作,相应的表情、姿势, 以及表达的意义,具体见表4-12:

表4-12　例4-7手语分析（一）

汉语转写	手形	朝向	位置	动作	表情	姿势	表达的意义
你	右手伸食指，全屈其余四指。	右手掌心向内，食指尖向左。	胸部	右手食指置于胸左侧指向左方。	痛苦	身体右倾，双腿右侧弓字步，面向左边,左手扶左大腿	用右手食指指向左方看手语人表达"你"。
我这腿	右手伸食指，全屈其余四指。	右手掌心向内，食指尖向左下。	腿部	右手食指指向自己的左大腿处。	痛苦	身体右倾，双腿右侧弓字步，低头面向左腿,左手扶左腿	用右手食指指向自己的左大腿处,表达"我这腿"。

什么　　　　　这+痛　　　　　什么

图4-13　例4-7手语示图（二）

例4-7手语示图（二）这句话的手语分析,包括手形、朝向、位置、动作,相应的表情、姿势, 以及表达的意义,具体见表4-13:

表4-13　例4-7手语分析（二）

汉语转写	手形	朝向	位置	动作	表情	姿势	表达的意义
什么	右手伸食指，全屈其余四指。	右手掌心向下，食指尖向前。	胸部	右手左右微晃几下。	疑惑	身前倾	用右手食指左右微晃几下表达"疑问"。

汉语转写	手形	朝向	位置	动作	表情	姿势	表达的意义
这+痛	左手伸食指，全屈其余四指；右手伸掌，微屈。	左手掌心向右，食指尖向前下；右手掌心向右，指尖向上。	腹部胸部	左手食指指向前下方；同时右手掌小指侧贴于胸部。	关心	身前倾	用左手食指向前下方看手语人腿受伤处，表达"这"；同时用右手掌微屈，掌心向右，小指侧贴于胸部，表达"痛"。
什么	右手伸食指，全屈其余四指。	右手掌心向下，食指尖向前。	胸部	右手左右微晃几下。	疑惑	身前倾	用右手食指左右微晃几下表达"疑问"。

图 4-14 例 4-7 手语示图（三）

　　例 4-7 手语示图（三）这句话的手语分析，包括手形、朝向、位置、动作，相应的表情、姿势，以及表达的意义，具体见表 4-14：

表 4–14   例 4–7 手语分析（三）

汉语转写	手形	朝向	位置	动作	表情	姿势	表达的意义
你	右手伸食指，全屈其余四指。	右手掌心向内，食指尖向左。	胸部	右手食指置于身体左外侧指向左方并点动几下。	气愤	身体右倾，双腿右侧弓字步，面向左边，左手扶左大腿。	用右手食指指向左方看手语人点动几下，表达对"你"的强调。
车撞人	左手伸五指，拇指与食指相对呈半框形；右手伸拇、小指，全屈其余三指。	左手掌心向右，指尖向右。右手，①掌心向内，拇、小指尖向左；②掌心向上，拇、小指尖向前。	胸部	左手与右手自两边向中间移动撞在一起，右手由朝向①转动手腕变为朝向②。	气愤	身体右倾，双腿右侧弓字步，面向左边。	用左手伸五指，拇指与食指相对呈半框形，模拟汽车的外形，表达"车"。用右手伸拇、小指，全屈其余三指，模拟人的外形，表达"人"。通过模拟"车"行驶过来，把"人"撞倒的过程，表达"车撞人"。
你	左手伸食指，全屈其余四指。	左手掌心向外，食指尖向左上。	头部	左手食指置于头前左侧较远处，并指向左方点动几下。	气愤	身体右倾，双腿右侧弓字步，面向左边。	用左手食指指向左方看手语人点动几下，表达对"你"的强调。

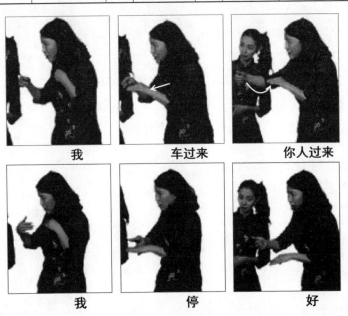

我　　　　　　车过来　　　　　你人过来

我　　　　　　停　　　　　　　好

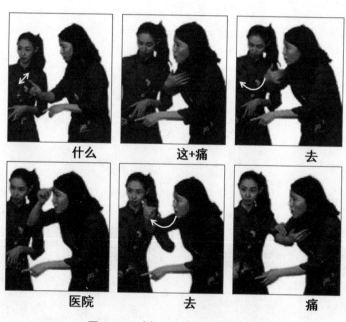

什么	这+痛	去
医院	去	痛

图 4-15　例 4-7 手语示图（四）

　　例 4-7 手语示图（四）这句话的手语分析，包括手形、朝向、位置、动作、相应的表情、姿势，以及表达的意义，具体见表 4-15：

表 4-15　例 4-7 手语分析（四）

汉语转写	手形	朝向	位置	动作	表情	姿势	表达的意义
我	左手伸掌，微屈。	左手掌心向内，指尖向内。	胸部	左手掌指尖贴于胸部。	焦急	身体前倾	用左手掌指尖贴于胸部，指向自己，表达"我"。
车过来	左手伸五指，拇指与食指相对呈半框形。	左手掌心向前下，指尖向前。	胸部	左手伸五指，拇指与食指相对呈半框形，左手向前移动，再停下。	焦急	身体前倾	用左手伸五指，拇指与食指相对呈半框形，模拟汽车的外形，表达"车"；模拟"车"向前移动，再停下，表达"车过来"，并停在那。
你人过来	右手伸拇、小指，全屈其余三指。	右手掌心向内，拇、小指尖向左。	胸部	右手伸拇、小指向内微移动。	焦急	身体前倾	用右手伸拇、小指，全屈其余三指，模拟人的外形，表达"人"；"人"向停止的车移动，表达"你人过来"。

汉语转写	手形	朝向	位置	动作	表情	姿势	表达的意义
我	左手伸掌，微屈。	左手掌心向内，指尖向内。	胸部	左手掌指尖贴于胸部。	焦急	身正	用左手掌指尖贴于胸部，指向自己，表达"我"。
停	左手伸掌；右手伸五指，拇指与食指相对呈半框形。	左手掌心向下，指尖向前；右手掌心向前下，指尖向左前。	胸部	左手掌置于胸前；右手半框形置于左手背上。	焦急	身正	用左手掌置于胸前，表达"停车的位置"；右手半框形模拟汽车的外形，表达"车"；"车"置于"停车的位置"，表达"停"。
好	右手伸拇指，全屈其余四指。	右手掌心向左，拇指尖向前。	胸部	右手伸出拇指置于胸前。	焦急	身体微前倾	用右手伸出拇指置于胸前，表达"好"。
什么	右手伸食指，全屈其余四指。	右手掌心向左下，食指尖向左上。	胸部	右手左右微晃几下。	焦急	身体微前倾	用右手食指左右微晃几下表达"疑问"。
这＋痛	左手伸食指，全屈其余四指；右手伸掌，微屈。	左手掌心下，食指尖向前下；右手掌心向右，指尖向内。	腹部胸部	左手食指指向前下方；同时右手掌指尖贴于胸部。	关心	身体前倾	用左手食指指向前下方看手语人腿受伤处，表达"这"。同时用右手掌微屈，掌心向右，指尖贴于胸部，表达"痛"。
去	右手伸拇、小指，全屈其余三指。	①右手掌心向内，拇、小指尖向左。②右手掌心向下，拇、小指尖向左前。	胸部	右手伸拇、小指置于胸前向外移动，由朝向①变为②。	焦急	身体前倾	用右手伸拇、小指，全屈其余三指，模拟人的外形，表达"人"；"人"向外移动，表达"去"。
医院	右手伸拇、食指，拇指垂直搭在食指上，全屈其余三指。	右手掌心向左，拇指尖向上。	头部	右手拇、食指搭成"十"字形，置于额前。	焦急	身体前倾	用右手拇、食指搭成"十"字形，置于额前，模拟医院的标志，表达"医院"。
去	右手伸拇、小指，全屈其余三指。	①右手掌心向内，拇、小指尖向左。②右手掌心向左下，拇、小指尖向左前。	胸部	右手伸拇、小指置于胸前向外移动，由朝向①变为②。	焦急	身体前倾	用右手伸拇、小指，全屈其余三指，模拟人的外形，表达"人"；"人"向外移动，表达"去"。

汉语转写	手形	朝向	位置	动作	表情	姿势	表达的意义
痛	右手伸掌，微屈。	右手掌心向右上，指尖向内。	胸部	右手掌指尖贴于胸部。	焦急	身体前倾	用右手掌微屈，掌心向右上，指尖贴于胸部，表达"痛"。

图 4-16　例 4-7 手语示图（五）

例 4-7 手语示图（五）这句话的手语分析，包括手形、朝向、位置、动作，相应的表情、姿势，以及表达的意义，具体见表 4-16：

表 4-16　例 4-7 手语分析（五）

汉语转写	手形	朝向	位置	动作	表情	姿势	表达的意义
不	右手伸掌。	右手掌心向左下，指尖向左上。	胸部	右手掌对着身体左外侧持续摆动。	痛苦	身体右倾，双腿右侧弓字步，面向右边，左手扶左大腿。	用右手掌对着身体左外侧持续摆动，表达强烈拒绝"不"。
钱	右手五指半屈，拇指与食中指相捏。	右手掌心向上，指尖向上。	胸部	右手五指半屈，拇指与食、中指持续互捻。	痛苦	身体左前倾，双腿微屈膝，面向左前，左手扶左大腿。	用右手五指半屈，拇指与食中指持续互捻，表达强烈要求给"钱"。

由例 4-7 的图与表可见，C 提供的信息："你！我这腿"和"你！你车撞人了，你"，是自知虚假的话，C 违反了质的准则。D 根据 C 提供的信息进行回复，"什么？这，痛，什么"和"我车先过来，你人再过来。我停好了的，什么啊？痛就去医院吧"，D 表达的都是认为有足够证据的话和有关联的话，遵守了质的准则和相关准则。而 C 的目的为"钱！钱！

钱",是假装被撞伤来讹钱,所以表达的是和去医院不相关联的:拿钱来,违反了质的准则和相关准则。而后文中,D 的同伴 E,更为冷静地观察与分析出 C 是违反了质的准则和相关准则的,因此采取了报警的方式解决问题。

又如例4-8,节选自手语会话《叫外卖》。这个会话的表达者 B 为李俊鹏、E 为刘欢。

【例4-8】

E:我要吃饭,好饿啊! 我怎么办?

B:现在我很忙,对不起。

——选自《叫外卖》

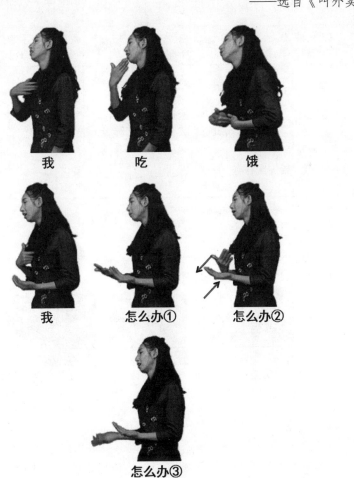

图 4-17 例 4-8 手语示图（一）

例 4-8 手语示图（一）这句话的手语分析，包括手形、朝向、位置、动作、相应的表情、姿势，以及表达的意义，具体见表 4-17：

表 4-17　例 4-8 手语分析（一）

汉语转写	手形	朝向	位置	动作	表情	姿势	表达的意义
我	右手伸掌。	右手掌心向右，指尖向内。	胸部	右手掌指尖贴于胸部。	饿	身正	用右手掌指尖贴于胸部，指向自己，表达"我"。
吃	右手伸掌。	右手掌心向内，指尖向左上。	头部	右手掌向口部移动一下。	饿	身正	用右手掌向口部移动一下，模拟吃饭状，表达"吃"。
饿	双手伸掌，稍屈。	双手掌心向内，指尖向内。	胸部	双手掌指尖贴于胸下部。	饿	前倾	用双手掌指尖贴于胸下部，并身体前倾，表达"饿"。
我	右手伸掌稍屈。	右手掌心向内，指尖向内。	胸部	右手掌指尖贴于胸部。	饿	微前倾	用右手掌指尖贴于胸部，指向自己，表达"我"。
怎么办	双手伸掌。	①双手掌心向上，指尖向前。②双手掌心向上，右手指尖向左前，左手指尖向右前。	胸部	双手掌朝向①置于胸下方，然后变为朝向②交替上下移动二下，并互拍指背，最后又变为朝向①。	饿	身正	用双手置于胸下方，掌心向上摊开，表达"疑问"。双手再上下交替移动，并互拍指背，表达"办事"。双手又摊开，表达"疑问"。

现在　　　　我　　　　忙

觉得　　　对不起①　　　对不起②

图 4-18　例 4-8 手语示图（二）

例 4-8 手语示图（二）这句话的手语分析,包括手形、朝向、位置、动作,相应的表情、姿势,以及表达的意义,具体见表 4-18:

表 4-18　例 4-8 手语分析（二）

汉语转写	手形	朝向	位置	动作	表情	姿势	表达的意义
现在	双手伸掌,五指微分开。	双手掌心向上;右手指尖向左前,左手指尖向右前。	胸部	双手掌置于胸下方。	抱歉	身正	用双手掌置于胸下方,表达"现在"。
我	双手伸掌,微屈。	左手掌心向左,指尖向内;右手掌心向右,指尖向内。	胸部	双手掌指尖贴于胸上部。	抱歉	身正	用右手掌指尖贴于胸上部,指向自己,表达"我"。
忙	双手伸掌。	双手掌心向下,指尖向前。	胸部	双手掌置于胸前,左右微移。	抱歉	身正	用双手掌心向下置于胸前,左右微移,表达"忙"。
觉得	右手伸食指,全屈其余四指。	右手掌心向左,食指尖向左上。	头部	右手食指尖贴于右脸颊。	抱歉	身正	用右手食指尖贴于右脸颊,表达"觉得"。
对不起	①双手伸食、小指半屈其余三指,拇、中指相捏。②双手伸五指,微分开。	手形①左手掌心向右,食、小指尖向前;右手掌心向左,食、小指尖向前。手形②左手掌心向右,指尖向前;右手掌心向左,指尖向前。	胸部	双手手形①置于胸前,右手在上,左手在下;双手互碰一下变为手形②。反复一次手形①变为手形②。	抱歉	身正	用双手伸食、小指,半屈其余三指,拇、中指相捏,右手在上、左手在下置于胸前;双手上下互碰一下,打开五指,表达"对不起"。

由例 4-8 的图与表可见,E 表达的话语"我要吃饭,好饿啊！我怎么办",结合后文,可推导的含意是希望 B 能陪自己一起去吃饭。B 正确推导出了 E 的含意,所以答复"现在我很忙,对不起",表面看着 B 有意违反了相

关准则，但 E 可据此推导出含意：因为 B 很忙，所以 B 不能陪自己去吃饭。

　　综上所述，聋人手语和有声语言相似，交际中存在着语义意义以外的隐含信息，需要看手语人根据相关的语境因素进行推理，以获得语义意义以外的交际信息，它是一种言外之意、弦外之音。基于有声语言的言语交际提出的格赖斯的合作原则，同样适用于手语的言语交际，其包括了四个范畴——量、质、关系、方式，每个范畴又包括相应的准则及其相关的次准则。聋人手语在一定语境中，某一话语所隐含的语用信息（即含意）常常不仅仅是其字面意义，当打手语人故意违反合作原则的某条或多条准则时，就可能产生会话含意。

5.1 预设

预设（presupposition），又称为前设、先设和前提。1892 年由德国著名哲学家、现代逻辑学奠基人弗雷格（Gottlob Frege）最早提出，顾名思义，是指说话人在说出话语时做出的假设，即说话人为保证话语的合适性而须满足的前提（魏在江，2014）。预设是一种语用推论，它以实际的语言结构意义作为参照，根据逻辑概念、语义、语境等推断出话语的先决条件（何自然等，2009）。

关于聋人手语预设的研究，研究者在国内没有搜到相关研究成果，国外的也鲜少。如，《澳大利亚手语——手语语言学导论》（Trevor Johnston，2007）中用半页的篇幅简单介绍了手语预设，认为预设是指打手语人假设能被看手语人理解的信息；并用否定的方法来测试预设；认为预设包含了打手语人并不真实呈现但看手语人却被假设知道的背景信息，大量的沟通依赖于这种假设的信息，如果假设双方都知道的信息实际上并不共知，这可能会造成沟通困惑。又如，《美国手语语言学导论》（Clayton Valli，2000）中用了不到半页的篇幅简单介绍了聋人手语预设的存在，认为预设是指使用特定的词或结构来暗示某种假设或观念。

本研究经过广泛收集、深入分析聋人手语语料也同样认为，聋人手语这一特殊的语言，虽然和有声语言存在着视觉语言通道和听觉语言通道的差别，但一样存在预设，打手语人在打出手语时同样会做出假设，打手语人为保证话语的合适性同样必须满足一定前提。如下例：

【例 5-1】

A：哦，学校几号放假，几号？

C：哦，一月底放假。

——选自《过年旅游行不行》

例 5-1 是选自聋人手语语例《过年旅游行不行》中的二句对话，这个语例中，A 是张鹏，C 是李磊。这二句话的手语示图与手语分析如下：

图 5-1　例 5-1 手语示图（一）

例 5-1 手语示图（一）所示这句话的手语分析，包括手形、朝向、位置、动作，相应的表情、姿势，以及表达的意义，具体见表 5-1：

语用学视角下的聋人手语研究

表5-1　例5-1手语分析（一）

汉语转写	手形	朝向	位置	动作	表情	姿势	表达的意义
哦	无	无	无	无	关心	头微抬	没有手势，头微抬、口微张，面露关心状，汉语转写为"哦"。
学校	双手伸掌。	①双手掌心向内，指尖向上。②左手掌心向右下，指尖向右上；右手掌心向左下，指尖向左上。	胸部	双手掌朝向①置于胸前。双手掌朝向②斜置于胸前，中指尖相抵。	关心	身正	用双手掌心向内置于胸前，模拟读书状，表达"学"。用双手掌斜置于胸前，中指尖相抵模拟房子外形，表达"处所"。
几月几号	双手伸掌。	双手掌心向内；左手指尖向右上，右手指尖向左上。	头部胸部	双手掌心向内，一上一下，左手掌在头前，右手掌在胸前；双手同时五指抖动几下。	关心	身正	用双手掌心向内，左手掌在上，表达"月"；右手掌在下，表达"日"；用双手掌同时五指抖动几下，表达"几月几日"。
放假	①双手五指微屈分开。②双手五指伸直微分开。	手形①双手掌心向内，指尖向内。手形②双手掌心向外，指尖向上。	胸部	双手掌手形①置于胸前，食、中、无名、小指指背向贴；双手转动手腕向外甩出，变为手形②。	关心	身正	用双手掌心向内置于胸前，食、中、无名、小指指背向贴；双手掌转动手腕向外甩出，表达"结束了"，即"放假"。
几月几号	双手伸掌。	双手掌心向内；左手指尖向右上，右手指尖向左上。	头部胸部	双手掌心向内，一上一下，左手掌在头前，右手掌在胸前；双手同时五指抖动几下。	关心	身正	用双手掌心向内，左手掌在上，表达"月"；右手掌在下，表达"日"；双手掌同时五指抖动几下，表达"几月几日"。

第五章　聋人手语预设研究

哦　　　　　　　一月底

放假①　　　　　　放假②

图5-2　例5-1手语示图（二）

例5-1手语示图（二）所示这句话的手语分析，包括手形、朝向、位置、动作，相应的表情、姿势，以及表达的意义，具体见表5-2：

表5-2　例5-1手语分析（二）

汉语转写	手形	朝向	位置	动作	表情	姿势	表达的意义
哦	右手伸掌。	①右手掌心向外，指尖向上。②右手掌心向下，指尖向前下。	胸部	右手掌朝向①置于身体右侧，向下挥动变为朝向②。	思考	面向左侧	头微面向左侧、口微张，面露思考状，右手掌心向外，向下挥动一下，汉语转写为"哦"。
一月底	左手伸食指，全屈其余四指；右手伸掌。	左手掌心向内，食指尖向右；右手掌心向前方，指尖向前上方。	头部胸部	左手伸食指置于头前；右手掌置于左手下方，并向下移动几下。	友好	身正	用左手伸食指，模拟数量"一"，"一"横置于头前，表达"一月"；用右手掌置于左手下方，并向下移动几下，表达"月底"。

汉语转写	手形	朝向	位置	动作	表情	姿势	表达的意义
放假	①双手五指微屈分开。②双手五指伸直微分开。	手形①双手掌心向内,指尖向内。手形②左手掌心向右上,指尖向前;右手掌心向左上,指尖向前。	头部胸部	双手掌由手形①转动手腕向外甩出,变为手形②。	友好	身正	用双手掌心向内、指尖向内置于头前;双手掌转动手腕向外甩出,表达"结束了",即"放假"。

　　如图 5-1 与图 5-2 所示,例 5-1 中,A 对 C 提出"学校几号放假"的问题,该言语行为必然存在一定的预设为先决条件:C 在学校工作,学校是有寒假的,马上要放寒假了,不同学校的放假时间略有些不同。从 C 回答"一月底放假"可见,A 的言语行为是合适的。

5.1.1　聋人手语预设是聋人的认知工具之一

　　魏在江认为,预设是人们的认知工具之一,就如我们劳动离不开劳动工具,人们的认知活动也离不开预设这一认知工具,即能帮助学习者完成对信息的收集和整理、表达和创造,并有效进行认知和思维的操作工具。预设形成于人们的日常生活,与人们的文化传统、思维方式,以及社会文化心理等密切相关。预设有很强的目的性和主观性,其充分反映了人们语言使用的策略(魏在江,2014)。本研究认为,聋人手语预设也是聋人的认知工具之一。聋人手语预设这一认知工具,也是能帮助聋人完成对信息的收集和整理、表达和创造,并有效进行认知和思维的操作工具,聋人的认知活动也离不开这一认知工具。聋人手语预设同样形成于聋人的日常生活,与其文化传统、思维方式,以及社会文化心理等密切相关。聋人手语预设也有很强的目的性和主观性,充分反映了聋人语言使用的策略。如下例:

【例 5-2】

　　A:去泰国旅游!唉!别,别!春节前到那,人多拥挤,怎么办?

——选自《过年旅游行不行》

　　例 5-2 也是选自聋人手语语例《过年旅游行不行》中的句子,这个句子的打手语人 A 为张鹏。这句话的手语示图与手语分析如下:

去　　　　　　泰国　　　　　　旅游

唉+别　　　　　春节①　　　　　春节②

之前　　　　　　到那　　　　　　人

太挤　　　　　怎么办①　　　　怎么办②

图 5-3　例 5-2 手语示图

　　例 5-2 手语示图所示这句话的手语分析，包括手形、朝向、位置、动作、相应的表情、姿势，以及表达的意义，具体见表 5-3：

语用学视角下的聋人手语研究

表5-3 例5-2手语分析

汉语转写	手形	朝向	位置	动作	表情	姿势	表达的意义
去	右手伸拇、小指，全屈其余三指。	①右手掌心向内，拇、小指尖向左。②右手掌心向下，拇、食指尖向左。	胸部	右手朝向①置于胸前，自内向右外侧移动变为朝向②。	吃惊	身正	用右手伸拇、小指，全屈其余三指，模拟人的外形，表达"人"；用"人"自内向右外侧移动，表达"去"。
泰国	右手伸食指，全屈其余四指。	右手掌心向下，食指尖向左。	头部	右手食指横置于鼻尖处，弧形向外移动二下。	吃惊	身体微前倾	用右手食指横置于鼻前，弧形向外移动，模拟象鼻形，表达"泰国"。
旅游	右手伸拇、小指，全屈其余三指。	右手掌心向内，拇、食指尖向左。	胸部	右手伸拇、小指置于胸前，上下转动二圈。	吃惊	身体微前倾	用右手伸拇、小指模拟人的外形，表达"人"；"人"上下转动二圈，模拟人到处游玩状，表达"旅游"。
唉+别	左手伸掌。	左手掌心向外，指尖向上。	胸部	左手掌心向外置于胸上部，左右快速挥动几下。	吃惊	身正	口张大，面露吃惊状，汉语转写为"唉"。用左手掌心向外，左右快速挥动几下，表达"否定"，即"别"。
春节	①左手握拳；右手伸食指，全屈其余四指。②左手握拳；右手五指稍屈。	手形①左手掌心向下，拇指向内；右手掌心向下，食指尖向下。手形②双手掌心向下，拇指向内。	胸部头部	手形①置于胸前，右手食指尖点于左拳食指根处。手形②置于头前，右掌包住左拳，并向外微微移动几下。	担忧	身正	用右手食指尖点于左拳食指根处，表达"春"。用右掌包住左拳，向外微微移动几下，模拟春节拜年状，表达"春节"、"过年"。
之前	双手伸掌。	左手掌心向外，指尖向右上；右手掌心向内，指尖向左上。	头部	双手背靠近立于头前，左手掌心向外不动，右手掌心向内并向内移动。	担忧	身正	用双手背靠近立于头前，左手掌心向外不动，右手掌心向内并向内移动，表达"之前"。

第五章 聋人手语预设研究

149

汉语转写	手形	朝向	位置	动作	表情	姿势	表达的意义
到那	右手伸拇、小指，全屈其余三指。	①右手掌心向左，拇、小指尖向上。②右手掌心向左，拇、小指尖向前。	头部	右手伸拇、小指置于头前，朝向①自上向前下方移动变为朝向②。	担忧	身正	用右手伸拇、小指，全屈其余三指，模拟人的外形，表达"人"；用"人"自上向前下方移动，表达"到那"。
人	双手伸食指，全屈其余四指。	左手掌心向右下，食指尖向右上；右手掌心向左下，食指尖向左上。	胸部	双手置于胸前，右手食指尖抵在左手食指腹下。	担忧	身正	用右手食指尖抵在左手食指腹下（聋人表达快时，双手食指尖相抵的位置会有点不同），模拟汉字"人"，表达"人"。
太挤	双手五指撮合。	双手掌心向上，指尖向上。	胸部	双手五指撮合，指尖向上；双手中、无名、小指指背相贴，左右稍移动几下。	担忧	身正	用双手五指撮合，指尖向上，指背相贴，左右稍移动几下，模拟人多拥挤状，表达"太挤"。
怎么办	双手伸掌。	①双手掌心向上，右手指尖向左前，左手指尖向右前。②双手掌心向上，指尖向前。	胸部	双手掌朝向①置于胸前，交替上下移动二下，并互拍指背，然后变为朝向②置于胸下方。	担忧	身正	用双手掌上下交替移动，并互拍指背，表达"办事"；用双手摊开，表达"疑问"。

由例 5-2 的图与表可见，例 5-2 中 A 的预设形成于日常生活，与其文化传统、思维方式，以及社会文化心理等密切相关：首先，近几年，春节前休假的人很多，如请公休假的、放寒假的等等；其次，选择去泰国旅游的人很多，选择的理由如春节期间泰国气温高、旅游费用不高、签证容易等等；再次，人多时去旅游玩不成的，玩不成的理由如只能看人头，景点要排队等等。甲的预设还有很强的目的性和主观性，可推导出语用含意，体现语言使用策略：春节前去泰国旅游，人多拥挤玩不成的，别去了。

5.1.2 聋人手语预设的共知背景信息

如前文所述，聋人手语预设包含了打手语人并不真实呈现，但看手语人却被假设知道的背景信息，大量的沟通依赖于这种假设的信息，如果假设双方都知道的信息实际上并不共知，这可能会造成沟通困惑。共知背景信息一般来源于三个方面，一是特定交际场景中共同拥有的知识，二是共同拥有的关于世界的百科知识，三是会话已述命题（何自然等，2009）。

5.1.2.1 特定交际场景中共同拥有的知识

特定交际场景中共同拥有的知识，包括打手语人和看手语人在特定交际场景中了解到的交际双方及涉及对象的工作、生活、学习信息。如例 5-1，A 对 C 提出学校几号放假的问题，A 和 C 交际场景中共同拥有的知识为：C 在学校工作，学校是有寒假的，马上要放寒假了，不同学校放假的时间有点不一样。如果交际没有建立在共同拥有的知识中，交际就会有误会。如例 5-1，假如 A 记错人了，C 事实上不在学校工作，春节只休法定的假日，这时 C 可能会回答，"我不在学校啊，我年三十放假"。

5.1.2.2 共同拥有的关于世界的百科知识

共同具有的关于世界的百科知识也是打手语人和看手语人共知的背景信息。如下例：

【例 5-3】

C：泰国好，过年这冷，我去泰国暖和，热乎，好！

——选自《过年旅游行不行》

例 5-3 也是聋人手语语例《过年旅游行不行》中的一句话，打手语人 C 为李磊。这句话的手语示图与手语分析如下：

泰国　　　　好　　　　过年

这　　　　冷　　　　我

去　　　　泰国　　　　温

热　　　　好

图 5-4　例 5-3 手语示图

例 5-3 这句话的手语分析，包括手形、朝向、位置、动作，相应的表情、姿势，以及表达的意义，具体见表 5-4：

表 5-4　例 5-3 手语分析

汉语转写	手形	朝向	位置	动作	表情	姿势	表达的意义
泰国	右手伸食指，全屈其余四指。	右手掌心向下，食指尖向左。	头部	右手食指尖点于鼻尖，弧形向外移动。	赞赏	身正	用右手食指尖点于鼻尖，弧形向外移动，模拟象鼻形，表达"泰国"。

汉语转写	手形	朝向	位置	动作	表情	姿势	表达的意义
好	右手伸拇指，全屈其余四指。	右手掌心向内，拇指尖向上。	头部	右手伸拇指置于头前。	赞赏	身正	用右手伸拇指置于头前，表达"好"。
过年	左手握拳；右手五指稍屈。	双手掌心向下，拇指向内。	胸部	左手握拳置于胸前，右掌包住左拳。	友好	身正	用右掌包住左拳置于胸前，模拟过年拜年状，表达"过年"。
这	右手伸食指，全屈其余四指。	右手掌心向下，食指尖向下。	胸部	右手食指尖指向下方。	友好	身正	用右手食指尖指向下方，表达"这"。
冷	双手握拳。	双手拇指在上；右手掌心向左，左手掌心向右。	胸部	双手握拳置于身体二侧，双臂屈肘，前臂颤动几下。	冷	身体微前倾	用双手握拳置于身体二侧，双臂屈肘，前臂颤动几下，表情和动作均模拟感受到寒冷状，表达"冷"。
我	右手伸食指，全屈其余四指。	右手掌心向内，食指尖向内。	胸部	右手伸食指，食指尖指向胸部。	高兴	身正	用右手伸食指，指向自己，表达"我"。
去	右手伸拇、小指，全屈其余三指。	右手掌心向内，拇、小指尖向左。	头部胸部	右手伸拇、小指，自头前向左侧下方移动。	高兴	身正	用右手伸拇、小指，全屈其余三指，模拟人的外形，表达"人"；用"人"自右向左侧下方移动，表达"去"。
泰国	右手伸食指，全屈其余四指。	右手掌心向内，食指尖向左上。	头部	右手食指尖点于鼻尖，弧形向外移动。	高兴	身正	用右手食指尖点于鼻尖，弧形向外移动，模拟象鼻形，表达"泰国"。
温	双手伸五指，微屈，微分开。	右手掌心向左，指尖向左；左手掌心向右，指尖向右。	胸部	双手掌心相对相距约30厘米，置于胸下方，同时向上移动。	高兴	头微仰	用双手掌心相对相距约30厘米，置于胸下方，同时向上移动，表达"温"。
热	右手伸掌，五指微分开。	右手掌心向内，指尖向内。	头部	右手食、中指尖在前额擦过。	高兴	身正	用右手掌食、中指尖在前额擦过，模拟擦汗状，表达"热"。
好	右手伸拇指，全屈其余四指。	右手掌心向内，拇指尖向右上。	胸部	右手伸拇指置于胸前。	赞赏	身正	用右手伸拇指置于胸前，表达"好"。

由例5-3的图与表可见，例5-3中C表述的是他认为双方共知的背景知识，即春节时期不同区域气温的百科知识：春节时，当地冷，泰国热。如果这个百科知识A并不共知，或不认同，A可能会否定：不对啊，春节时，当地热，泰国冷。

5.1.2.3 双方会话已述命题

双方会话的上文已述命题往往成为打手语人和看手语人下一命题的预设。如《过年旅游行不行》中，C的已述命题"我今年过年计划去泰国旅游"，是A的命题"去泰国旅游！唉！别，别！春节前到那，人多拥挤，怎么办"的预设。又如下例：

【例5-4】

A：到那边太热了，我一样的，我一样的。

——选自《过年旅游行不行》

例5-4这句话的打手语人A为张鹏，其手语示图与手语分析如下：

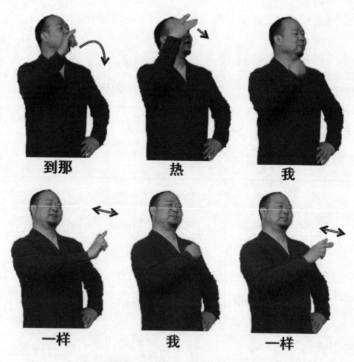

图5-5 例5-4手语示图

例 5-4 这句话的手语分析，包括手形、朝向、位置、动作，相应的表情、姿势，以及表达的意义，具体见表 5-5：

表 5-5　例 5-4 手语分析

汉语转写	手形	朝向	位置	动作	表情	姿势	表达的意义
到那	右手伸拇、小指，全屈其余三指。	①右手掌心向左，拇、食指尖向上。②右手掌心向左，拇、食指尖向前。	头部	右手伸拇、小指置于头前，朝向①自上向前下方移动变为朝向②。	友好	头微抬	用右手伸拇、小指，全屈其余三指，模拟人的外形，表达"人"；用"人"自上向前下方移动，表达"到那"。
热	右手伸掌，五指微分开。	右手掌心向下，指尖向左。	头部	右手掌中指尖在前额向前擦二下。	友好	身正	用右手掌中指尖在前额向前擦二下，模拟擦汗状，表达"热"。
我	右手伸掌稍屈。	右手掌心向内，指尖向内。	胸部	右手掌指尖贴于胸上部。	友好	身正	用右手掌指尖贴于胸上部，指向自己，表达"我"。
一样	右手伸食、中指，全屈其余三指。	右手掌心向左下，食、中指尖向左上。	胸部	右手伸食、中指置于胸前，左右平移几下。	友好	身正	用右手伸食、中指置于胸前，左右平移几下，表达"一样"。
我	右手伸掌稍屈。	右手掌心向内，指尖向内。	胸部	右手掌指尖贴于胸部。	友好	身正	用右手掌指尖贴于胸部，指向自己，表达"我"。
一样	右手伸食、中指，全屈其余三指。	右手掌心向左下，食、中指尖向左前。	胸部	右手伸食、中指置于胸前，左右平移几下。	友好	身正	用右手伸食、中指置于胸前，左右平移几下，表达"一样"。

如例 5-4 的图与表所示，例 5-4 的 A 表述的命题"到那边太热了，我一样的，我一样的"，是以例 5-3 的 C 表述的命题"泰国好，过年这冷，我去泰国暖和，热乎，好"为预设，表述的语用含意为：当地是冷，但泰国太热，对他这个怕热的胖子来说是一样的。

5.2 预设的经济性

5.2.1 聋人手语预设使会话经济高效

预设是说话人认为听话人也共知的、没有必要明确说出的那部分信息，这既能减轻说话人的表述辛劳，又能减少听话人的理解负担，体现了语言使用的经济性（魏在江，2014）。聋人手语会话中也是这样，打手语人假设与看手语人共知背景信息，在表达时常常会隐蔽这些信息不呈现出来，看手语人却能够根据共知预设推导出打手语人的语用含意，填补、充实隐蔽的信息，使得会话经济高效。如例5–1的C的回答"一月底放假"，即因双方共知的预设"C在学校工作"，而隐蔽信息"我学校"，"一月底放假"推导出的语用含意为"我学校一月底放假"。例5–2中A的建议"唉！别，别！春节前到那，人多拥挤，怎么办"，即因上文C的已述预设"我今年过年计划去泰国旅游"，而隐蔽信息"泰国旅游"，"春节前到那"推导出的语用含意为"春节前到泰国旅游"。由此可见，聋人手语看似"丢三落四"，实际是因交际双方共知的预设没有呈现出来，是经济高效的。

如果交际中缺乏相应的共知背景信息，打手语人就需表达更多的手语来展示更多的信息，否则看手语人将不知所云，这样的聋人手语交际是累赘、繁琐的。所以，聋人日常言语交际的实际情况是，打手语人与看手语人之间的话语存在着许多信息空缺，这些信息空缺可以通过交际双方的共知预设进行填补、完善，从而成功地交际，这样的交际是经济、高效的（何自然等，2009）。如下例：

【例5–5】

C：不会的，（国）内。泰国是（国）外，可以。

——选自《过年旅游行不行》

例5–5也是聋人手语语例《过年旅游行不行》中的一句话，打手语人C为李磊。这句话的手语示图与手语分析如下：

不　　　内　　　那

外　　　泰国　　　应该

可以

图 5-6　例 5-5 手语示图

　　例 5-5 这句话的手语分析，包括手形、朝向、位置、动作，相应的表情、姿势，以及表达的意义，具体见表 5-6：

表 5-6　例 5-5 手语分析

汉语转写	手形	朝向	位置	动作	表情	姿势	表达的意义
不	双手伸掌。	右手掌心向左前，指尖向左上；左手掌心向右，指尖向前。	胸部	右手掌置于胸上部，左右摆动几下；左手掌置于胸下部同时左右微摆动几下。	否定	身正	用右手置于胸前左右摆动，并以左手辅助左右摆动，表达"否定"，即"不"。

汉语转写	手形	朝向	位置	动作	表情	姿势	表达的意义
内	左手伸掌；右手伸食指，全屈其余四指。	左手掌心向右后，指尖向右前；右手掌心向内，食指尖向上。	胸部	左手掌置于胸前，右手食指尖向上置于左手掌内侧，并向下移动二下。	着急	身正	用左手掌置于胸前，右手食指尖向上置于左手掌内侧，并向下移动二下，表达"内"。
那	右手伸食指，全屈其余四指。	右手掌心向左，食指尖向右前。	头部	右手伸食指置于头前，指向右前方。	着急	身正	用右手伸食指置于头前，指向右前方，表达"那"。
外	左手伸掌；右手伸食指，全屈其余四指。	左手掌心向右后，指尖向右前；右手掌心向左，食指尖向左。	胸部头部	左手伸掌置于右手肘部；右手伸食指置于头前，食指向左外侧。	肯定	身正	用左手伸掌置于右手肘部；右手食指指向左外侧，表达"外"。
泰国	右手伸食指，全屈其余四指。	右手掌心向内，食指尖向上。	头部	右手食指尖点于鼻尖，弧形向外移动。	肯定	身正	用右手食指尖点于鼻尖，弧形向外移动，模拟象鼻形，表达"泰国"。
应该	右手伸食、中指，全屈其余三指。	右手掌心向下，食、中指尖向左上。	头部	右手伸食、中指背贴于额下，二指交替抖动。	肯定	身正	用右手伸食、中指背贴于额下，二指交替抖动，表达"应该"。
可以	①右手伸掌。②右手屈食、中、无名、小指指根。	手形①右手掌心向外，指尖向前上。手形②右手掌心向外，指尖向前。	头部	右手伸掌置于头前方，手形①向下弯动食、中、无名、小指指根，变为手形②。	肯定	身正	用右手伸掌，向下弯动食、中、无名、小指指根，表达"可以"。

由例 5-5 的图与表可见，例 5-5 中 C 的话语"不！内。那／外／泰国／应该／可以"存在着许多信息空缺，但这些信息空缺，A 能够通过共知预设推导出 C 的语用含意，把空缺的信息填补、完善，从而成功地交际，使得会话经济、高效。即：第一个手语"不"，推导出的语用含意为"否定上文 A 所述的人多拥挤玩不成的命题"；第二个手语"内"，推导出的语用含意为"国内会人多拥挤"；接着的五个手语"那"、"外"、"泰国"、"应该"、"可以"，推导出的语用含意为"泰国是国外，应该可以玩得成"。

5.2.2 聋人手语预设使会话逐渐深入

如前文所述，聋人手语会话中，打手语人和看手语人已知命题或已述

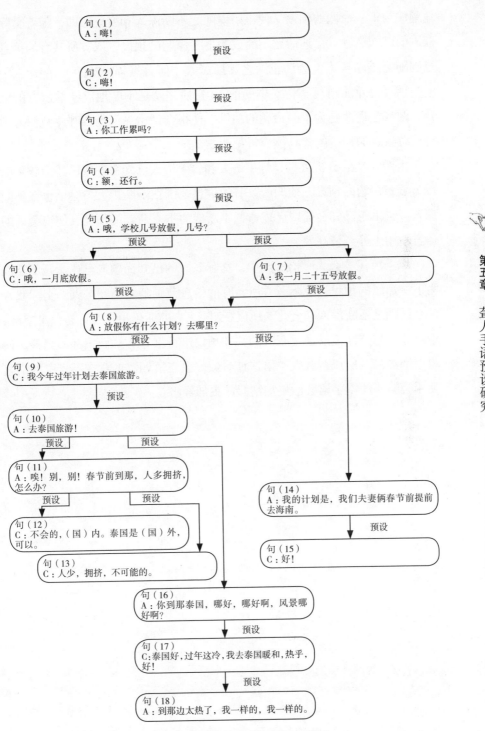

句（1）
A：嗨！

↓ 预设

句（2）
C：嗨！

↓ 预设

句（3）
A：你工作累吗？

↓ 预设

句（4）
C：额，还行。

↓ 预设

句（5）
A：哦，学校几号放假，几号？

预设 ← → 预设

句（6）
C：哦，一月底放假。

句（7）
A：我一月二十五号放假。

预设 → 预设

句（8）
A：放假你有什么计划？去哪里？

预设 ← → 预设

句（9）
C：我今年过年计划去泰国旅游。

↓ 预设

句（10）
A：去泰国旅游！

预设 ← → 预设

句（11）
A：唉！别，别！春节前到那，人多拥挤，怎么办？

预设 ← → 预设

句（12）
C：不会的，（国）内。泰国是（国）外，可以。

句（13）
C：人少，拥挤，不可能的。

句（14）
A：我的计划是，我们夫妻俩春节前提前去海南。

↓ 预设

句（15）
C：好！

句（16）
A：你到那泰国，哪好，哪好啊，风景哪好啊？

↓ 预设

句（17）
C：泰国好，过年这冷，我去泰国暖和，热乎，好！

↓ 预设

句（18）
A：到那边太热了，我一样的，我一样的。

图 5-7 聋人手语预设使会话逐渐深入示图

命题成为下一命题的预设，使得语境随之不断深入和变化。即，随着交际双方的已知命题或已述命题不断成为下一命题的预设，双方所共有的信息范围随之不断扩大，会话也随之逐渐深入（何自然等，2009）。如聋人手语会话《过年旅游行不行》中的前 18 句话，就是不断地以会话双方的已知命题或已述命题为下一命题的预设，使得会话由见面的招呼逐渐深入到对旅游景点的评价的，具体分析见图 5-7。

由图 5-7 的分析可见，打手语人和看手语人已知命题或已述命题不断成为下一命题的预设，他们所共有的信息范围在不断扩大，会话也在不断深入，且由于已知命题或已述命题不断成为下一命题的预设，使得会话的语言使用十分经济高效。

综上所述，聋人手语交际中，交际双方的已知命题或已述命题不断成为下一命题的预设，交际双方所共有的信息范围随之不断扩大，交际双方的会话随之不断深入和变化。所以，交际双方的话语虽存在许多信息空缺，但这些信息空缺能够通过双方的共知预设进行推导，从而填补、完善，使得会话经济。所以，聋人手语这种看似"丢三落四"的意在不言中的语言使用策略，使得手语会话更加精彩，更加经济。

语用学视角下的聋人手语研究

最早明确、详细讨论言语行为的学者是英国哲学家奥斯汀（John Langshaw Austin）。他的言语行为理论（theory of speech act）思想主要集中于《如何以言行事》一书。奥斯汀认为，言语交际中，打赌、保证、道歉或宣判等行为都是通过言语（即话语的形式）实施的，因此把它们称为"言语行为"。在奥斯汀的研究成果基础之上，美国当代语言哲学家塞尔（John R. Searle）发展了言语行为理论（何自然等，2009）。

6.1 言语行为三分说

奥斯汀提出了言语行为三分说的言语行为理论。分出了三种言语行为，即叙事行为、施事行为和成事行为，他关注的是施事行为。

在有声言语交际中，这三种言语行为是一个整体：叙事行为，发出声音，组成单词和句子，表述一定的意义（meaning），以言指事；施事行为，在说某种事情中存在着某种语力（如通知、命令、警告等），以言行事；成事行为，通过说某种事情在听话人或其他人的思想、感情或行动上产生一定的影响或效果，以言成事（索振羽，2000）。通过下例可对它们进行区分：

【例 6-1】

吃完再去！

a：甲对乙说"吃完再去"。

（叙事行为：以言指事）

b：甲命令（/建议/请求）乙吃完再去。

（施事行为：以言行事）

c：乙吃完了再去。/乙没吃完就去了。

（成事行为：以言成事）

在聋人手语交际中，也同样存在这三种言语行为，并且这三种言语行为是一个整体。手语作为视觉语言，是以打出手语代替发出声音的。即叙事行为，打出手语，组成单词和句子，表述一定的意义（meaning），以言指事；施事行为，在手语表达出某种事情中存在着某种语力（如通知、命令、警告等），以言行事；成事行为，通过手语表达出某种事情在看手语人或其他人的思想、感情或行动上产生一定的影响或效果，以言成事。如下例：

【例 6-2】

E：订外卖吃。

D：不。

——选自《买菜》

例 6-2 是选自聋人手语语例《买菜》中的二句对话，这个语例中，D是胡晓云，E 是刘欢。这二句话的手语示图与手语分析如下：

订　　外

吃饭　　不

图 6-1　例 6-2 手语示图

例 6-2 的手语分析，包括手形、朝向、位置、动作，相应的表情、姿势，以及表达的意义，具体见表 6-1：

表 6-1　例 6-2 手语分析

汉语转写	手形	朝向	位置	动作	表情	姿势	表达的意义
订	双手拇、食、中指相捏，全屈其余二指。	右手掌心向左前，指尖向左前；左手掌心向右前，指尖向右前。	头部胸部	双手拇、食、中指相捏，右手置于头前，左手置于胸前；双手同时向下移动。	询问	身正	用双手拇、食、中指相捏，同时向下移动一下，模拟双方签订协议状，表达"订"。
外	右手伸食指，全屈其余四指。	右手掌心向外，食指尖向外。	头部	右手伸食指置于头前，食指指向前方。	询问	稍面向左边	用右手食指指向前方，表达"外"。
吃饭	右手伸掌。	右手掌心向内，指尖向左。	头部	右手掌心向内，向口部微微移动二下。	询问	稍面向左边	用右手掌心向内，向口部微微移动二下，模拟吃饭状，表达"吃饭"。
不	右手伸掌。	右手掌心向外，指尖向上。	胸部	右手掌心向外，左右摆动几下。	询问	稍面向右边	用右手掌心向外，左右摆动几下，表达"否定"，即"不"。

由例 6-2 的图与表可见，例 6-2 表明手语作为视觉语言，以打出手语代替发出声音，同样存在叙事行为、施事行为和成事行为这三种言语行为，并且这三种言语行为是一个整体，具体分析如下：

a：E 对 D 表达"订外卖吃"。

（叙事行为：以言指事）

b：E 建议 D 订外卖吃。

（施事行为：以言行事）

c：D 拒绝订外卖吃。

（成事行为：以言成事）

6.2 间接言语行为

美国当代语言哲学家塞尔的言语行为理论是奥斯汀言语行为理论的继

第六章　聋人手语言语行为研究

163

承、修正、发展和系统化。塞尔把言语行为理论看作是一种解释人类言语交际的理论，他提出的间接言语行为理论，对发展、完善行为理论做出了重要贡献。

塞尔认为，间接言语行为（indirect speech acts）是通过实施另一种施事行为的方式来间接地实施某一种施事行为（索振羽，2000）。有声语言中，如下例：

【例6-3】

a. 我请你把灯关一下。

b. 能不能帮忙把灯关一下啊？

c. 好亮睡不着。

d. 我想戴着眼罩睡。

例6-3中，（a）句说话人直接实施了"请求"的言语行为，属于直接言语行为。而出自礼貌，说话人可改用间接的表达形式。如（b）句，说话人通过"询问"这一施事行为的方式来间接地实施"请求"这一施事行为的，"询问"是说话人采用的手段，"请求"才是说话人要达到的真正目的。（c）句与（d）句在表达类似请求时，采用了更为间接的言语行为。

塞尔将表达说话人真正目的（意图）的施事行为，称为"首要施事行为"，而说话人为了实施首要施事行为所实施的另一种施事行为，称为"次要施事行为"。次要施事行为和话语的字面语力（literal force）相吻合，首要施事行为不是字面上的，其间接表达的施事语力（illocutionary force）是由字面语力推导出来的。

聋人手语中，打手语人也常常会出于礼貌，用间接言语行为，为实施首要施事行为而实施次要施事行为。如下例：

【例6-4】

你好！我可以坐在这里吗？

——选自《手语基础教程》（郑璇，2015）

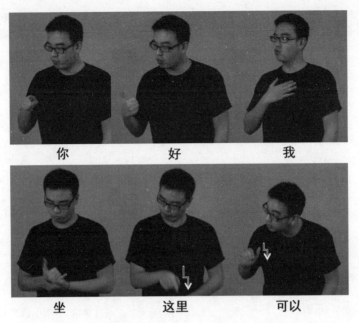

	你	好	我
	坐	这里	可以

图 6-2　例 6-4 手语示图

例 6-4 是节选自《手语基础教程》中的聋人手语语例。这句话的手语分析，包括手形、朝向、位置、动作，相应的表情、姿势，以及表达的意义，具体见表 6-2：

表 6-2　例 6-4 手语分析

汉语转写	手形	朝向	位置	动作	表情	姿势	表达的意义
你	右手伸食指，全屈其余四指。	右手掌心向下，食指尖向外。	胸部	右手伸食指置于胸前、指向前方。	友好	身体微前倾	用右手食指指向看手语人，表达"你"。
好	右手伸拇指，全屈其余四指。	右手掌心向内，拇指尖向上。	胸部	右手伸拇指置于胸前。	友好	身体微前倾	用右手伸拇指，表达"好"。
我	右手伸掌，五指微分开。	右手掌心向内，指尖向左上。	胸部	右手掌指尖贴于胸部。	友好	身正	用右掌贴于胸部，指向自己，表达"我"。

汉语转写	手形	朝向	位置	动作	表情	姿势	表达的意义
坐	左手伸掌；右手伸拇、小指，全屈其余三指。	左手掌心向上，指尖向右；右手掌心向内，拇、小指尖向左上。	胸部	左手掌置于胸前；右手伸拇、小指，小指外侧贴于左手掌心。	友好	头微低	用左手掌置于胸前，模拟座位表面形，表达"座位"；用右手伸拇、小指，模拟人外形，表达"人"；用右手小指外侧贴于左手掌心，模拟人坐状，表达"坐"。
这里	右手伸食指，全屈其余四指。	右手掌心向下，食指尖向前下。	胸部	右手伸食指置于胸前下方，指向前下方。	友好	头微左倾	用右手伸食指置于胸前下方，指向前下方的空座位处，表达"这里"。
可以	①右手伸掌。②右手屈食、中、无名、小指指根。	手形①右手掌心向外，指尖向前上。手形②右手掌心向外，指尖向前。	头部	右手伸掌置于头前方，手形①向下弯动食、中、无名、小指指根，变为手形②。	询问	身体前倾	用右手伸掌，向下弯动食、中、无名、小指指根，表达"可以"；配以询问的表情、前倾的姿势，表达"可以吗"。

如图6-2与表6-2所示，例6-4中，打手语人通过"询问"这一次要施事行为来间接地实施"请求"这一首要施事行为的，"询问"是打手语人采用的手段，"请求"才是打手语人要达到的真正目的。

6.2.1 规约性间接言语行为

规约性间接言语行为，是指对"字面语力"做一般性推导而得出的间接言语行为。对"字面语力"做一般性推导就是根据句子的句法形式，按习惯可以立即推导出间接的"施事语力"。有声语言中，如例6-3的（b）句中，对字面语力做一般性推导就能推导出间接的施事语力。聋人手语中，如例6-4，同样对字面语力做一般性推导就能推导出间接的施事语力。

言语交际中，说话人或打手语人想让他人为自己做某件事情时，多数情况下应该也必须讲礼貌，才能达到最佳交际效果，听话人或看手语人乐意为说话人成打手语人效劳，从而办成说话人或打手语人想要办的事。

6.2.2 非规约性间接言语行为

非规约性间接言语行为要依靠语境和交际双方的共知语言信息来推

导，因此较为复杂，也较为不稳定。

有声语言中，按照塞尔的观点，非规约性间接言语行为可以通过下述10个步骤推导出来，如下例：

【例6-5】

甲：明天上午去踢球吧！

乙：我带女儿去医院。

例6-5中，乙的间接言语行为"拒绝"是通过下述10个步骤推导出来的：

步骤（1）：甲向乙提出"建议"，乙做出陈述：必须带女儿去医院（关于会话的事实）。

步骤（2）：甲设想乙在会话中是合作的，并且他说的话是相关的（会话合作原则）。

步骤（3）：乙的相关的回答必须是或"接受"，或"拒绝"，或"另行建议"，或"进一步考虑"等（言语行为理论）；

步骤（4）：但乙回答的话从字面意义上看并没有表达上述任何一种言语行为，因而设想乙的回答是不相关的（由步骤（1）和（3）可推导出来）；

步骤（5）：因此乙也许是表达比字面意义更深一层的意思。现在设想乙仍是遵守"相关"准则的，所以他的回答必定具有不同于字面意义的"施事语力"（由步骤（2）和（4）可以推导出来）。

这是关键性的一步。听话人如果不掌握发现跟字面意义不同的施事语力的推导策略，他就无法理解间接施事行为。

步骤（6）：甲知道带女儿去医院要花费一上午左右的时间，他也知道踢球也要花费一上午左右的时间。

步骤（7）：因此，在同一个上午不能既踢球又带女儿去看病（由步骤（6）推导出来）。

步骤（8）：接受"建议"或其他"承诺"的预定条件是在命题内容条件下有能力实施预期的行为（言语行为理论）。

步骤（9）：因此，甲知道乙说了一些表明自己无法接受甲的建议的话（由步骤（1）（7）（8）可以推导出来）。

步骤（10）：因此乙的非字面的"施事语力"大概是"拒绝"甲的建议（由

步骤（5）和（9）可以推导出来）。

塞尔认为的这十个推导步骤，只是表示理解间接言语行为的逻辑推导过程，并不是人的理性思维的真实步骤。

聋人手语中，非规约性间接言语行为也可以通过上述10个步骤推导出来，如前文的例4-8（参阅4.2合作原则与会话含意）：

【例4-8】

E：我要吃饭，好饿啊！我怎么办？

B：现在我很忙，对不起。

——选自《叫外卖》

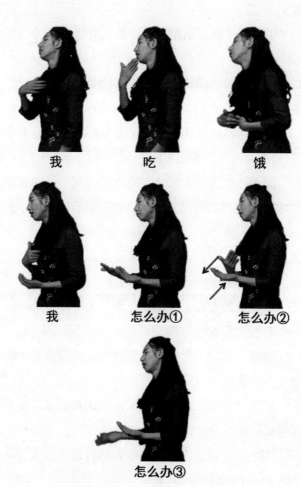

图4-17 例4-8手语示图（一）

语用学视角下的聋人手语研究

现在   我   忙

觉得   对不起①   对不起②

图 4-18　例 4-8 手语示图（二）

由图 4-17 和图 4-18 可见，例 4-8 中，B 的间接言语行为"拒绝"是通过下述 10 个步骤推导出来的：

步骤（1）：E 向 B 提出问题，表达请求：你陪我去吃饭，B 做出陈述：现在我很忙（关于会话的事实）。

步骤（2）：E 设想 B 在会话中是合作的，并且他说的话是相关的（会话合作原则）。

步骤（3）：B 的相关的回答应是或"陪伴"，或"拒绝"，或"等待"，或"另行建议"等（言语行为理论）；

步骤（4）：但 B 回答的话从字面意义上看并没有表达上述任何一种言语行为，因而设想 B 的回答是不相关的（由步骤（1）和（3）可推导出来）；

步骤（5）：因此 B 也许是表达比字面意义更深一层的意思。现在设想 B 仍是遵守"相关"准则的，所以他的回答必定具有不同于字面意义的"施事语力"（由步骤（2）和（4）可以推导出来）。

这是关键性的一步。看手语人如果不掌握发现跟字面意义不同的施事语力的推导策略，就无法理解间接施事行为。

步骤（6）：E知道B的工作很忙还需要一些时间继续工作，她也知道去吃饭会花费一些时间。

步骤（7）：因此，现在B工作忙没办法陪伴自己去吃饭（由步骤（6）推导出来）。

步骤（8）：接受"请求"或其他"承诺"的预定条件是在命题内容条件下有能力实施预期的行为（言语行为理论）。

步骤（9）：因此，E知道B说了一些表明自己无法接受E的请求的话（由步骤（1）（7）（8）可以推导出来）。

步骤（10）：因此B的非字面的"施事语力"大概是"拒绝"E的请求（由步骤（5）和（9）可以推导出来）。

塞尔指出，有声语言交际中，说话人和听话人表达或理解间接言语行为的依据可以归纳为以下四条：共同具有的背景信息（包括语言的和非语言的）；听话人的理解和推断能力；言语行为理论；会话合作的一般原则。这对于聋人手语交际也同样适用。即打手语人和看手语人表达或理解间接言语行为的依据为：共同具有的背景信息（包括语言的和非语言的）；看手语人的理解和推断能力；言语行为理论；会话合作的一般原则。以上述四条为依据，能完满地判断、解释非规约性间接言语行为，更能完满地判断、解释规约性间接言语行为。

综上所述，聋人手语和有声语言相似，交际中存在着三种言语行为，即叙事行为，打出手语，组成单词和句子，表述一定的意义，以言指事；施事行为，在手语表达出某种事情中存在着某种语力（如通知、命令、警告等），以言行事；成事行为，通过手语表达出某种事情在看手语人或其他人的思想、感情或行动上严生一定的影响或效果，以言成事。聋人手语中，打手语人也常常会出于礼貌用间接言语行为，为实施首要施事行为而实施次要施事行为。打手语人和看手语人表达或理解间接言语行为的依据为：共同具有的背景信息（包括语言的和非语言的）；看手语人的理解和推断能力；言语行为理论；会话合作的一般原则。

第七章

聋人手语会话结构研究

列文森（Stephen C. Levinson）指出，语用结构的各个方面都是以运用中的会话为中心组织起来的。通过会话结构（conversitional structure）分析，可以揭示会话构成的规律，解释自然会话的连贯性，有益于话语意义的准确理解。但是，会话涉及的因素很多（包括语言之外的因素），不能期望会话结构分析像句子结构分析那样严谨（索振羽，2000）。

7.1　轮流说话

轮流说话（turn-taking）是会话的特点：一次会话至少得由两轮话语组成，A 先表达，停下来后，B 再接着表达，两人对话的分布是 A–B–A–B–A–B。

有声语言中，会话中的一个话轮（a turn）即说话人的话从开始到结束。构建话轮的句法单位称为"话轮构建单位"，它可以是句子、短语，甚至单词（索振羽，2000）。一个说话人最初只被分派给这样的一个话轮，这个话轮的终止就是可以变换说话人的位置，称之为"转换关联位置"（transition relevance place，简称 TRP）（索振羽，2000）。下一个说话人预测当前话轮的可能结束处时，总是以单词、短语、分句、句子为单位，因为一个人不可能在话轮构建单位的中间结束自己的话轮。如果预测结束处和现实有差距，就会导致重叠；或者听话人临时增加的某些非必要成分也会导致重叠，如：附加肯定、赞许、疑问等。如果当前说话人在转换关联位置打住，同时又没有别人接上话茬，这时就会出现冷场（silence）（姜望琪，

2003）。冷场根据位置和长度分为三类：停顿（pause）、间隙（gap）、间隔（lapse）。停顿是非转换关联位置的冷场；间隙是在转换关联位置短时间的冷场；间隔是在转换关联位置长时间的冷场。如果间隙之后，由原说话人继续，间隙就变成了停顿。

聋人手语中，轮流说话也具备以上规律，会话中的一个话轮为打手语人的话从开始到结束。构建话轮的句法单位"话轮构建单位"可以是句子、短语，甚至一个词语。一个打手语人最初只被分派给这样的一个话轮，这个话轮的终止就是可以变换打手语人的位置，即"转换关联位置"。一个人不可能在话轮构建单位的中间结束自己的话轮，下一个打手语人预测当前话轮的可能结束处时，总是以词语、短语、分句、句子为单位。如果预测结束处和现实有差距，就会导致重叠；或者看手语人临时增加的某些非必要成分也会导致重叠，如：附加肯定、赞许、疑问等。如果当前打手语人在转换关联位置打住，同时又没有别人接上话茬，就会出现冷场。冷场根据位置和长度同样分为停顿、间隙、间隔三类。同样的，停顿是非转换关联位置的冷场；间隙是在转换关联位置短时间的冷场；间隔是在转换关联位置长时间的冷场。如果间隙之后，由原打手语人继续，间隙也就变成了停顿。

聋人手语轮流说话举例如下：

【例 7-1】

表 7-1 《聋人子女教育》节选

话轮	打手语人	起止时间	汉语转写	汉语翻译
1	C	00:00:00，877--> 00:00:01，839	嗨！	嗨！
2	D	00:00:01，655--> 00:00:02，227	嗨，你好！	嗨，你好！
3	C	00:00:01，945--> 00:00:03，979	她／年轻！她！	她年轻啊！她！
4	D	00:00:04，114--> 00:00:05，246	是，是，是。	是，是，是。
5	C	00:00:04，663--> 00:00:05，584	结婚／完?	结婚了吗?

语用学视角下的聋人手语研究

话轮	打手语人	起止时间	汉语转写	汉语翻译
6	D	00:00:05，659--> 00:00:07，549	已婚 / 了，小孩 /14 岁。	结婚了，小孩 14 岁了。
7	C	00:00:07，237--> 00:00:10，630	哇！这 / 年轻 / 力 / 她 / 漂亮。	哇！这么年轻有活力，又漂亮。
8	D	00:00:09，099--> 00:00:09，739	是！是！	是！是！
	D	00:00:10，369--> 00:00:11，579	漂亮！我 / 介绍 / 你 / 认识，好？	漂亮！那我介绍你认识，好吗？
9	C	00:00:11，489--> 00:00:12，632	好。	好。
10	D	00:00:11，864--> 00:00:13，654	来，来，认识 / 请。	来，来，请互相认识一下。
11	C	00:00:13，468--> 00:00:15，018	嗨！你好！	嗨！你好！
12	E	00:00:14，023--> 00:00:14，535	你好！	你好！
	E	00:00:15，029--> 00:00:16，641	我 / 来自 / 南昌 / 人。	我是南昌人。
13	C	00:00:16，415--> 00:00:19，349	南昌？14 岁，好 / 年轻！	南昌？（孩子）14 岁，好年轻啊！
14	E	00:00:18，719--> 00:00:20，716	是，是，早婚，我 / 早婚 / 了。	是，是，早婚，我早婚了。
15	C	00:00:19，949--> 00:00:20，449	哦，明白。	哦，明白。
16	E	00:00:21，153--> 00:00:23，883	我 / 父母 / 家 / 是 / 聋人。	我父母家是聋人。
17	C	00:00:22，823--> 00:00:23，941	哇！	哇！
18	E	00:00:23，947--> 00:00:24，635	我 / 丈夫 / 聋人 / 同样。	我丈夫也是聋人，
	E	00:00:24，992--> 00:00:26，451	生孩子 / 他 / 健听，正好。	生的孩子他健听，真正好。
19	C	00:00:26，811--> 00:00:28，096	幸运！幸运！	幸运！幸运！

话轮	打手语人	起止时间	汉语转写	汉语翻译
20	E	00:00:27, 019--> 00:00:30, 518	平时，平时 / 教 / 唉 / 说话，无奈！	平时，平时教说话，无奈啊！
	E	00:00:31, 019--> 00:00:32, 938	我们 / 聋 / 都，教 / 手语 / 障碍，无奈！	我们都聋，用手语教有障碍，无奈啊！

——选自《聋人子女教育》

例 7-1 节选自《聋人子女教育》，这个语例的表达者，C 是李磊，D 是胡晓云，E 是刘欢。由表 7-1 可见，节选的是会话的前 32 秒，共有 20 个话轮。最初的会话，C 与 D 是朋友，话轮在他们之间进行，两人对话的分布是 C–D–C–D–C–D。在话轮（10）处，D 将 C 与 E 进行介绍："来，来，认识 / 请"，后面的话轮就在 C 和 E 之间进行了，两人对话的分布是 C–E–C–E–C–E。构建话轮的句法单位"话轮构建单位"有句子、短语，甚至词语。如：话轮（4），由 D 重复词语"是，是，是"构成的；话轮（9），C 只表达了一个词语"好"；而话轮（20），E 表达了较长的二句话："平时，平时 / 教 / 唉 / 说话，无奈！我们 / 聋 / 都，教 / 手语 / 障碍，无奈！"

由表 7-1 还可见，下一个打手语人预测当前话轮的转换关联位置时，是以词语、短语、分句、句子为单位的。如 C 表达话轮（5）"结婚 / 完?"D 预测 C 的这个话轮终止了，马上接上话轮（6）"已婚 / 了，小孩 /14 岁。"但下一个打手语人预测转换关联位置时，常会和现实有差距，导致重叠。如 D 的话轮（6）中的手语动作"14 岁"还在反复持续时，C 预测 D 的话轮终止了，接上话轮（7）"哇！这 / 年轻 / 力 / 她 / 漂亮"时，与 D 的话轮（6）有所重叠。

表 7-1 还显示了，C 与 D，C 与 E 的对话中话轮的重叠，常常是看手语人临时增加的某些非必要成分导致的。如 E 在表达话轮（16）"我 / 父母 / 家 / 是 / 聋人"时，C 临时增加了一个表达赞许的话轮（17）"哇"，导致了重叠。但这个重叠并没有打断 E 的表达，反而鼓励 E 继续表达了话轮（18）"我 / 丈夫 / 聋人 / 同样。生孩子 / 他 / 健听，正好"。

语用学视角下的聋人手语研究

7.2 相邻对

谢格罗夫和萨克斯提出相邻对（adjacency pairs）有以下特征（索振羽，2000）：

"相邻对"是一前一后两轮话，这两轮话是：

（ⅰ）邻接的；

（ⅱ）由两个说话人分别说出的；

（ⅲ）分为始发语和应答语；

（ⅳ）有一定的类型，即始发语要有特定的应答语相匹配，例如：问候 / 问候、提议 / 认可或拒绝。

有声语言中，第一个说话人在说出相邻对的始发语后，该说话人停止说话，下一个说话人此时说出这个相邻对的应答语。把相邻对的始发语和应答语联系在一起的是始发语所引起的一些特定的期待。最典型的相邻对是：问 / 答、问候 / 问候、提议 / 认可或拒绝、道歉 / 抚慰等（索振羽，2000）。

聋人手语中，同样的，第一个打手语人在表达出相邻对的始发语后，该打手语人停止打手语，下一个打手语人此时表达出这个相邻对的应答语。把相邻对的始发语和应答语联系在一起的同样是始发语所引起的一些特定的期待。最典型的相邻对同样是：问 / 答、问候 / 问候、提议 / 认可或拒绝、道歉 / 抚慰等。

（1）问 / 答

例如：

【例 7-2】

A：你工作定好了吗？

B：定好了，在贵阳。

——选自《手语基础教程》（郑璇，2015）

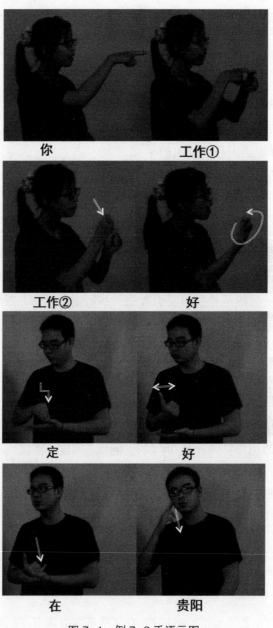

你　　　　　工作①

工作②　　　　好

定　　　　　好

在　　　　　贵阳

图7-1　例7-2手语示图

　　例7-2是节选自《手语基础教程》中的聋人手语语例。这句话的手语
分析，包括手形、朝向、位置、动作，相应的表情、姿势，以及表达的意
义，具体见表7-1：

表7-1 例7-2手语分析

汉语转写	手形	朝向	位置	动作	表情	姿势	表达的意义
你	右手伸食指，全屈其余四指。	右手掌心向下，食指尖向外。	头部	右手伸食指置于头前，指向前方。	关心	身正	用右手食指指向看手语人，表达"你"。
工作	①左手伸食、中指，全屈其余三指；右手伸食指稍屈，全屈其余四指。②双手握拳。	手形①左手掌心向内，食、中指尖向右；右手掌心向下，食指尖向下。手形②双拳掌心向内，拇指在上。	胸部	手形①左手掌心向内，食、中指尖向右，置于胸前；右手食指尖向下、指背贴于左手食、中指内侧中部。手形②右拳砸一下左拳虎口。	关心	身正	用左手伸食、中指，右手食指尖向下、指背贴于左手食、中指内侧中部，模拟汉字工，表达"工"。用右拳砸一下左拳虎口，表达"作"。
好	右手伸拇指，全屈其余四指。	右手掌心向内，拇指尖向右上。	胸部	右手伸拇指置于胸前微转动一圈。	询问	头微前倾	用右手伸拇指，置于胸前微转动一圈表达"好"；配以询问的表情，头微前倾的姿势，表达"好了吗"。
定	左手伸掌；右手五指撮合。	左手掌心向上，指尖向右；右手掌心向下，指尖向下。	胸部	左手掌心向上、置于胸前；右手五指撮合、指尖在左手掌心点动几下。	自信	头微低	用右手五指撮合、指尖在左手掌心点动几下，表达"定"。
好	右手伸拇指，全屈其余四指。	右手掌心向内，拇指尖向上。	胸部	右手伸拇指置于胸前左右微移几下。	自信	身正	用右手伸拇指左右微移，表达"好"；配以自信的表情，表达"好了"。
在	左手伸掌；右手伸拇、小指，全屈其余三指。	左手掌心向上，指尖向右；右手掌心向内，拇指尖向上，小指尖向左。	胸部	左手掌置于胸前；右手伸拇、小指，小指外侧贴于左手掌心。	友好	身正	用右手伸拇、小指，模拟人外形，表达"人"；用右手小指外侧贴于左手掌心，表达"在"。
贵阳	右手伸食、中指，微分开，半屈其余三指。	右手掌心向左，指尖向上。	头部	右手食、中指尖贴于右脸颊，并向下移动二下。	友好	头微右倾	用右手食、中指尖贴于右脸颊，并向下移动二下，表达"贵阳"。

由图 7-1 可见，例 7-2 中，A 用手语提出问题"你工作定好了吗"后停止打手语，B 马上用手语回答了一个相邻对的回答语"定好了，在贵阳"。

（2）问候/问候

例如：

【例 7-3】

C：嗨！嗨！

A：嗨！

D：嗨！

——选自《买车》

例 7-3 是选自聋人手语语例《买车》中的开场对话，这个语例中，A 是张鹏，C 是李磊，D 是胡晓云。这组对话的手语示图与手语分析如下：

嗨

嗨

嗨　　　　　　　　　　　　　嗨

图 7-2　例 7-3 手语示图

例 7-3 的手语分析，包括手形、朝向、位置、动作，相应的表情、姿势、以及表达的意义，具体见表 7-2：

表 7-2　例 7-3 手语分析

汉语转写	手形	朝向	位置	动作	表情	姿势	表达的意义
嗨	右手伸掌。	右手掌心向外，指尖向上。	头部	右手掌心向外、指尖向上置于头前，左右快速挥动几下。	非常热情	身体稍面向右边	用右手掌指尖向上，对着右侧看手语人左右快速挥动几下，表达"嗨"。
嗨	左手伸掌。	左手掌心向外，指尖向上。	头部	左手掌心向外、指尖向上置于头前，左右快速挥动几下。	非常热情	身体稍面向左边	用左手掌指尖向上，对着左侧看手语人左右快速挥动几下，表达"嗨"。
嗨	左手伸掌。	左手掌心向外，指尖向上。	胸部	左手掌心向外、指尖向上置于胸前。	友好	身体稍前倾	用左手掌指尖向上，掌心对着左侧看手语人，表达"嗨"。
嗨	右手伸掌。	右手掌心向外，指尖向上。	头部	右手掌心向外、指尖向上置于头前，左右快速挥动几下。	热情	身体微面向右边	用右手掌指尖向上，对着右侧看手语人左右快速挥动几下，表达"嗨"。

由图 7-2 与表 7-2 可见，例 7-3 中，C 首先热情地向 A 和 D 用手语表达问候"嗨"，A 和 D 随之也用手语回复问候"嗨"，并且 C 非常热情，挥手动作进行了更多地反复，延长了结束的时间，因此与 A、D 回复的问候有所重叠。

（3）提议 / 认可或拒绝

如前文的例6-2（参阅6.1言语行为三分说）：

【例6-2】

E：订外卖吃。

D：不。

——选自《买菜》

图6-1　例6-2手语示图

由图6-1可见，例6-2中，E用手语表达自己的提议"订外卖吃"，D随之用手语回复"不"，拒绝了E的提议。E用手语表达"吃"时，手语动作也与E的手语回复"不"有所重叠。

（4）道歉 / 抚慰

例如：

【例7-4】

A：对不起，堵车迟到了五分钟！你们久等了吧？

B：没关系，我们俩刚到五分钟。

——选自《手语基础教程》（郑璇，2015）

例7-4选自《手语基础教程》，这组对话的手语示图与手语分析如下：

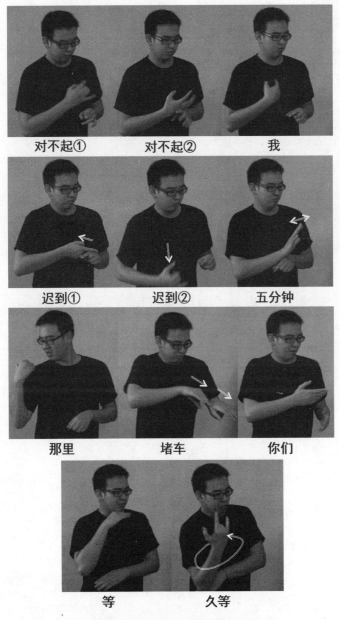

图7-3 例7-4手语示图（一）

例7-4手语示图（一）所示这句话的手语分析，包括手形、朝向、位置、动作，相应的表情、姿势，以及表达的意义，具体见表7-3：

表7-3　例7-4手语分析（一）

汉语转写	手形	朝向	位置	动作	表情	姿势	表达的意义
对不起	①双手伸食、小指半屈其余三指。②双手伸五指，微分开。	手形①左手掌心向右，食、小指尖向右前；右手掌心向左，食、小指尖向左前。手形②左手掌心向右，指尖向右前；右手掌心向左，指尖向左前。	胸部	双手手形①置于胸前，右手在上，左手在下；双手互碰一下变为手形②。反复二次手形①变为手形②。	抱歉	身体微前倾	用双手伸食、小指，右手在上置于胸前；双手上下互碰一下，打开五指，表达"对不起"。
我	右手掌稍屈。	右手掌心向内，指尖向内。	胸部	右手掌指尖贴于胸部。	抱歉	身正	用右手掌指尖贴于胸部，指向自己，表达"我"。
迟到	①左手拇、食指相捏成圆，全屈其余三指；右手伸食指，全屈其余四指。②右手伸拇、小指，全屈其余三指。	手形①左手掌心向右，拇、食指在上；右手掌心向内，食指尖向左前。手形②右手掌心向内，拇、小指尖向左。	胸部	手形①左手拇、食指相捏成圆置于胸前，右手食指侧贴于圆上，并向右移动一下。手形②右手伸拇、小指向下移动一下。	抱歉	身正	用左手拇、食指相捏成圆置于胸前，右手食指侧贴于圆上，并向右移动一下，模拟学校考勤时记录的迟到符号"◎"，表达"迟到"。用右手伸拇、小指，模拟人的外形，表达"人"；"人"向下移动一下，表达"到"。
五分钟	左手握拳；右手伸掌，五指分开。	左手掌心向下，拇、食指在右；右手掌心向左，指尖向上。	胸部	左手握拳置于胸前，右手腕贴于左拳左侧，向外稍移动几下。	抱歉	身正	用右手伸掌，五指分开，模拟数量"五"；用左手握拳置于胸前，右手腕贴于左拳左侧，向外稍移动几下，表达"五分钟"。
那里	右手伸拇指，全屈其余四指。	右手掌心向下，拇指尖向后。	肩部	右手伸拇指，指向肩后。	抱歉	头向右转	用右手伸拇指，指向肩后，同时扭头眼睛看向拇指所指的方向，表达"那里"。

汉语转写	手形	朝向	位置	动作	表情	姿势	表达的意义
堵车	双手伸五指，拇指与食指相对呈半框形。	左手掌心向前下，指尖向左前；右手掌心向前下，指尖向左前。	胸部	双手伸五指，拇指与食指相对呈半框形，左手在前，右手在后，同时缓慢向左前移动。	抱歉	身体微前倾	用双手伸五指，拇指与食指相对呈半框形，模拟汽车的外形，表达"车"；用左手在前，右手在后，同时缓慢向左前移动，模拟堵车时，车排着队缓慢前移状，表达"堵车"。
你们	右手伸掌。	右手掌心向内上，指尖向左前。	胸部	右手掌心向内上，置于胸前，指尖向左前。	抱歉	身正	用右手掌心向内上，置于胸前，指尖指向二位看手语人，表达"你们"。
等	右手伸掌。	右手掌心向下，指尖向左。	头部	右手掌心向下，指尖向左，置于颏下。	抱歉	身正	用右手掌心向下，指尖向左，置于颏下，表达"等"。
久等	左手伸掌；右手伸拇、食、小指，半屈其余二指。	左手掌心向下，指尖向右下；右手掌心向内，拇、食、小指尖向上。	胸部	左手掌心向下，指尖向右下，置于胸前；右手肘置于左手背，右手伸拇、食、小指逆时针转动几圈。		身正	用左手掌心向下，指尖向右下，置于胸前；右手肘置于左手背，右手伸拇、食、小指逆时针转动几圈，表达"久等"。

没关系①　　　没关系②　　　我们俩①

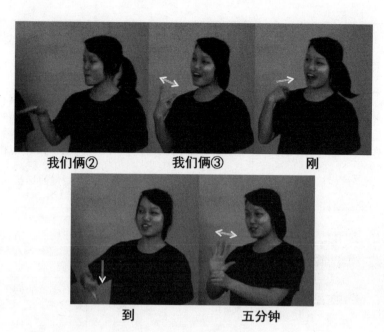

| 我们俩② | 我们俩③ | 刚 |

| 到 | 五分钟 |

图 7-4　例 7-4 手语示图（二）

例 7-4 手语示图（二）所示这句话的手语分析,包括手形、朝向、位置、动作,相应的表情、姿势, 以及表达的意义, 具体见表 7-4：

表 7-4　例 7-4 手语分析（二）

汉语转写	手形	朝向	位置	动作	表情	姿势	表达的意义
没关系	①双手拇、食指相捏伸其余三指分开。②双手伸掌五指分开。	手形①左手掌心向右后, 指尖向右前；右手掌心向左前, 指尖向左前。手形②左手掌心向右上, 指尖向右上；右手掌心向左上指尖向左上。	胸前	手形①双手拇、食指相捏套成环, 置于胸前；双手微转动手腕并向两边稍移, 打开环变为手形②。重复以上动作一次。	友好	头微左倾	用双手拇、食指相捏套成环, 表达"关系"；双手转动手腕, 打开环, 表达"没关系"。

汉语转写	手形	朝向	位置	动作	表情	姿势	表达的意义
我们俩	手形①右手伸掌。手形②右手伸食、中指，全屈其余三指。	手形①：朝向①右手掌心向右后，指尖向内；朝向②右手掌心向下，指尖向左前。手形②：朝向③右手掌心向内，食、中指尖向上。	胸前	右手置于胸前。手形①朝向①食、中指尖贴于胸部。手形①朝向②自左向右弧形移动。手形②朝向③左右稍移动几下。	友好	身正	用右手掌心向右后，指尖向内贴于胸部，指向自己，表达"我"。用右手掌心向下，自左向右弧形移动，表达"大家"。用右手伸食、中指，模拟数量"二"；"二"反复指向自己和右边的看手语人，表达"我们俩"。
刚	右手拇指尖捏食指尖，全屈其余三指。	右手掌心向后，拇、食指尖向后。	肩部	右手拇、食指尖在右肩点动几下。	友好	身正	用右手拇指尖捏食指尖，表达"少"；右手拇、食指尖在右肩点动几下，表达过去、之前不久的时刻，即"刚刚"。
到	右手伸拇、小指，全屈其余三指。	右手掌心向内，拇、小指尖向左。	胸部	右手伸拇、小指置于右胸前方，自右向左下弧形移动。	奇怪	身正	用右手伸拇、小指，全屈其余三指，模拟人的外形，表达"人"；"人"自右向左下弧形移动，表达"到"。
五分钟	左手握拳；右手伸掌，五指分开。	左手掌心向右后，拇、食指在上；右手掌心向左前，指尖向上。	胸部	左手握拳置于胸前，右手腕贴于左拳左侧，向外稍移动几下。	抱歉	身正	用右手伸掌，五指分开，模拟数量"五"；左手握拳置于胸前，右手腕贴于左拳左侧，向外稍移动几下，表达"五分钟"。

　　由例7-4的图与表可见，例7-4中，A先用手语进行了道歉"对不起，堵车迟到了五分钟！你们久等了吧"，B紧接着用手语进行了抚慰"没关系，我们俩刚到五分钟"。并且，A为表达诚挚的歉意，手语动作"对不起"重复了三次，B为了抚慰A，手语动作"没关系"也重复了二次。

　　在实际的言语交际中，还常常会在始发语和应答语之间插入各种长短不等的内容。如下例：

【例7-5】

A：昨天星期六，你做了什么？

B：我爸妈去买东西，我到了舅舅家。

——选自《手语基础教程》(郑璇，2015)

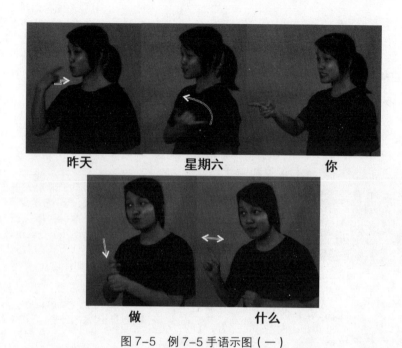

图 7–5　例 7–5 手语示图 (一)

例 7–5 手语示图 (一) 所示这句话的手语分析，包括手形、朝向、位置、动作，相应的表情、姿势，以及表达的意义，具体见表 7–5：

表 7–5　例 7–5 手语分析 (一)

汉语转写	手形	朝向	位置	动作	表情	姿势	表达的意义
昨天	右手伸食指，全屈其余四指。	右手掌心向下，食指尖向后。	肩部	右手食指向右肩后指几下。	好奇	身正	用右手食指向右肩后指几下，表达过去的一天，即"昨天"。
星期六	右手伸拇、小指，全屈其余三指。	右手掌心向上，拇、小指尖向左前。	胸部	右手掌心向上置于胸左侧近左腋处，向右上方移动。	好奇	身正	用右手伸拇、小指，表达数字"六"；将"六"置于胸左侧近左腋处，向右上方移动，表达"星期六"。
你	右手伸食指，全屈其余四指。	右手掌心向左，食指尖向前。	胸部	右手食指尖指向胸部右前方。	好奇	身正	用右手食指尖指向看手语人，表达"你"。

汉语转写	手形	朝向	位置	动作	表情	姿势	表达的意义
做	双手握拳。	双拳掌心向内,拇指在上。	胸部	右拳砸一下左拳虎口。	好奇	身体微右倾	用右拳砸一下左拳虎口,表达"做"。
什么	右手伸食指,全屈其余四指	右手掌心向外,食指尖向上。	胸部	右手置于胸前左右微晃几下。	好奇	身体稍右前倾	用右手食指左右微晃几下,表达"疑问"。

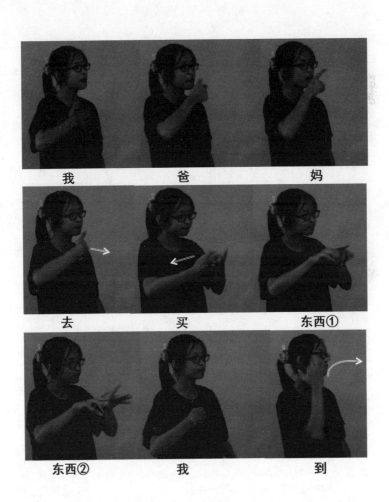

我　　　　　爸　　　　　妈

去　　　　　买　　　　东西①

东西②　　　　我　　　　　到

舅舅   家

图 7-6 例 7-5 手语示图（二）

例 7-5 手语示图（二）所示这句话的手语分析，包括手形、朝向、位置、动作，相应的表情、姿势，以及表达的意义，具体见表 7-6：

表 7-6 例 7-5 手语分析（二）

汉语转写	手形	朝向	位置	动作	表情	姿势	表达的意义
我	右手伸掌。	右手掌心向内，指尖向左。	胸部	右手掌贴于胸部。	友好	身正	用右手掌指向自己，表达"我"。
爸	右手伸拇指，全屈其余四指。	右手掌心向内，拇指尖向上。	头部	右手拇指侧贴于唇。	友好	身正	用右手拇指侧贴于唇，表达"爸爸"。
妈	右手伸食指，全屈其余四指。	右手掌心向左，食指尖向上。	头部	右手食指根侧贴于唇。	友好	身正	用右手食指侧贴于唇（聋人表达快时位置会有点偏差），表达"妈妈"。
去	右手伸拇、小指，全屈其余三指。	右手掌心向内，拇、小指尖向左。	胸部	右手伸拇、小指，自胸前向前移动。	友好	身正	用右手伸拇、小指，模拟人的外形，"人"自胸前向前移动，表达"去"。
买	双手伸掌。	双手掌心向内上；左手指尖向右，右手指尖向左。	胸部	左手掌置于胸前，右手掌背轻贴左手掌心后向内移动。	友好	头微低	用左手掌置于胸前，右手掌背轻贴左手掌心后向内移动，表达把东西"买"来。
东西	①双手伸食、小指，全屈其余三指。②双手五指分开。	手形①双手掌心向下，食、小指尖向前。手形②双手掌心向下，指尖向前。	胸部	手形①双手由身体二侧向中间靠拢，双手拇、食指互碰一下后分开，变为手形②。重复以上动作一次。	友好	身正	用双手伸食、小指，全屈其余三指，由身体二侧向中间靠拢，双手拇、食指互碰一下后分开，同时打开五指，表达"东西"。

汉语转写	手形	朝向	位置	动作	表情	姿势	表达的意义
我	右手伸食指，全屈其余四指。	右手掌心向内，食指尖向内。	胸部	右手食指尖贴于胸部。	友好	身正	用右手食指指向自己，表达"我"。
到	右手伸拇、小指，全屈其余三指。	右手掌心向左，拇、小指尖向上。	头部	右手伸拇、小指，自头右侧向前上方移动。	友好	身正	用右手伸拇、小指，模拟人的外形，"人"自身前向前上方移动，表达"到"。
舅舅	右手伸食指半屈，全屈其余四指。	右手掌心向左，食指尖向左。	头部	右手食指半屈，置于头前左侧一下，再置于头前右侧一下。	友好	身正	用右手伸食指半屈表达"舅"的首字母"J"；以字母"J"置于头前左侧一下，再置于头前右侧一下，表达"舅舅"。
家	双手伸掌。	左手掌心向右下，指尖向右上；右手掌心向左下，指尖向左上。	头部	双手掌中指尖相抵置于头前。	友好	身正	用双手掌斜置于身前，中指尖相抵，模拟房子外形，表达"处所"，即"家"。

由例7-5的图与表可见，例7-5中，A首先用手语提出问题"昨天星期六，你做了什么"，B用手语应答时，先插入了一个她爸爸妈妈星期六做了什么的手语"我爸妈去买东西"，然后才用手语回答问题"我到了舅舅家"。

综上所述，聋人手语和有声语言相似，会话中有轮流说话的特点：一个话轮为打手语人的话从开始到结束；话轮构建单位可以是句子、短语，甚至一个词语；变换打手语人的位置为转换关联位置；下一个打手语人预测当前话轮的可能结束处时，总是以词语、短语、分句、句子为单位；如果预测结束处和现实有差距，或者看手语人临时增加的某些非必要成分，都会导致重叠；冷场根据位置和长度同样分为停顿、间隙、间隔三类。会话中还有"相邻对"这样的一前一后的两轮话，即：邻接的；由两个说话人分别说出的；分为始发语和应答语；有一定的类型，即始发语要有特定的应答语相匹配。

第七章 聋人手语会话结构研究

第八章
语用学视角下的国家通用手语推广研究

8.1　国家通用手语

《国家通用手语常用词表》（Lexicon of Common Expressions Chinese National Sign Language）作为国家语言文字规范，由中华人民共和国教育部、国家语言文字工作委员会、中国残疾人联合会于 2018 年 3 月 9 日发布，2018 年 7 月 1 日实施。

《中华人民共和国国家通用语言文字法》第一章总则中规定了，为推动国家通用语言文字的规范化、标准化及其健康发展，使国家通用语言文字在社会生活中更好地发挥作用，促进各民族、各地区经济文化交流，根据宪法，制定本法。并规定本法所称的国家通用语言文字是普通话和规范汉字。第二章国家通用语言文字的使用中还规定了，普通话是国家机关的公务用语、学校及其他教育机构的教育教学用语、广播电台与电视台的播音用语，公共服务行业提倡使用的服务用语。并规定凡以普通话作为工作语言的岗位，其工作人员应当具备说普通话的能力。

手语是聋人进行社会交流的主要语言，国家通用手语（Chinese National Sign Language）亦被称为聋人的"普通话"，也须规范化、标准化，推动其健康发展，促使其在聋人的社会生活中更好地发挥作用。因此，《国家通用手语常用词表》规定了该规范适用于全国范围内的公务活动、各级各类教育、电视和网络媒体、图书出版、公共服务、信息处理中的手语使用，以及手语水平等级考核。

我国关于通用手语的研究与推广已有 60 年的历史。1958 年，成立了中国聋人手语改革委员会，进行手语词汇的研究。1960年，内务部、教育部、中国文字改革委员会发出《关于修订聋哑人通用手语工作方案的通知》。1985年，上海市盲人聋哑人协会对《聋哑人通用手语图》进行修订。1987年，全国第三次手语工作会议将《聋哑人通用手语图》易名为《中国手语》。1990年，《中国手语》（首集）出版。1994年，《中国手语》（续集）推出。2003年，《中国手语》（修订版）面世（魏丹，2017）。前期的这些手语研究与推广凝聚了数代手语研究者的心血，但其存在着一些不足，如手语研究较多围绕汉语词设计手语词，部分设计的手语词与聋人实际使用的大相径庭，手语推广多是手势汉语的推广，或单纯的手语词汇推广。前文已经介绍，手势汉语是手语词依照汉语的语序表达，是汉语的手势符号化，不是聋人手语的自然表达（龚群虎，2009）。经过推广，手势汉语已普遍应用于公务活动、各级各类教育、电视和网络媒体、图书出版、公共服务、信息处理中的手语使用。虽然手势汉语的设计传递了前期手语研究者希望手势汉语利于聋人掌握汉语的善意，但聋人普遍无法认同，如前文介绍过的刘艳虹等的调查显示的，电视台的手语新闻，能看懂很多的聋校学生仅8.0%，成年聋人仅5.0%；基本看不懂的聋校学生达27.0%，成年聋人达44.9%（刘艳虹，2013）。

　　2011年，国家通用手语方案研究列为国家语言研究的重大项目，研究方向为，在语言学理论特别是手语语言学理论指导下，尊重手语自身表达的规律和特点，克服以往手语词对应汉语词的思维定势，汲取《中国手语》中许多手语与实际脱节的教训，使新的国家通用手语能反映或接近聋人的手语（顾定倩，2017）。国家通用手语研究团队秉持这一研究方向，历时7年的研究与实验，研制出《国家通用手语常用词表》。

8.2　语用学视角下的国家通用手语推广

　　手语是聋人群体在交流中使用的独特的视觉语言。国家通用手语的推广，不能推广聋人看不明白的手势汉语，也不能仅仅推广国家通用手语词汇，应从语用学视角，从国家通用手语词及其运用出发，营造动态的手语语境，在国家通用手语词的运用中领会、巩固手语词，边学边用。

8.2.1 推广内容依托语境

推广的国家通用手语内容依托手语运用语境，使学习者在语境中掌握相关国家通用手语词的用法；再以此为基础学习同类的国家通用手语词替换，继而创设新的国家通用手语运用语境，拓展学习内容。

设计国家通用手语运用语境，首先需要根据聋人的社会生活实际，设计若干个主题，如：学习、工作、购物、过节、旅游、聚餐等，然后围绕这些主题设计国家通用手语运用语境。此处以聋人李俊鹏和李磊表达的以旅游为主题的手语会话，作为手语运用实例，说明推广内容如何依托语境，不断拓展。这篇会话时长 3 分 23 秒，为篇幅所限，节选其前 35 秒的内容，其中 C 为李磊，B 为李俊鹏。表 8-1 为这部分手语会话的汉语转写与汉语翻译：

表 8-1　手语会话《跟团游与自助游》节选

序号	打手语人	起止时间	汉语转写	汉语翻译
(1)	C	00:00:00，000--> 00:00:00，700	嘿！	嘿！
(2)	C	00:00:00，750--> 00:00:04，400	我 / 爱人 / 平－常 / 是 / 去国外 / 游玩。	我和爱人平时会去国外游玩。
(3)	C	00:00:04，700--> 00:00:06，800	都 / 是 / 跟 / 导游。	都是跟团游的。
(4)	C	00:00:07，000--> 00:00:08，100	导游 / 安 / 好。	跟团安心点。
(5)	C	00:00:08，300--> 00:00:11，100	为什么？外 / 语言 / 障碍，	为什么呢？到外国语言有障碍，
(6)	C	00:00:11，200--> 00:00:12，700	第二，还有 /（英语）字母 / 我 / 看 / 糊涂。	第二呢，还有那英语字母我看着糊涂。
(7)	C	00:00:12，790--> 00:00:16，200	自己 / 扛着 / 危险，万一 / 坏人 / 拐 / 怎么办？	自己去玩，万一有危险，有坏人拐卖怎么办啊？
(8)	C	00:00:16，250--> 00:00:18，300	各（方面）/ 委托 / 这 / 导游 / 我 / 安 / 好。	全部委托给旅行团我安心。
(9)	C	00:00:18，350--> 00:00:20，900	二－跟(导游)/ 游玩 / 安 / 好！	二人跟团游玩安全啊！
(10)	C	00:00:20，950--> 00:00:23，800	现在 / 最近 / 看 / 你 / 手机 / 微信，看＋惊！	最近看到你手机的微信，看得我吃惊啊！

序号	打手语人	起止时间	汉语转写	汉语翻译
（11）	B	00:00:23，850--> 00:00:27，100	你 / 自己 / 扛着 / 旅游 / 外，行？	你自己去国外旅游，可行吗？
（12）	B	00:00:27，300--> 00:00:29，300	为什么？以前 / 导游 / 跟。	为什么（自己去）呢？因为以前跟团游过。
（13）	B	00:00:29，350--> 00:00:31，500	跟 / 导游 / 缺点 / 哪里？	跟团游的缺点在哪呢？
（14）	B	00:00:31，630--> 00:00:35，730	鸭子 / 赶 / 时间，强迫 / 强制 / 买 / 东西，各种。	像赶鸭子似的赶时间，还强制买东西，等等。

8.2.1.1　依托语境掌握国家通用手语词用法

手语这一视觉语言，如果仅掌握国家通用手语词的规范打法，是无法实现和聋人顺畅交流的。手语需根据实际情况，结合表情、体态、空间、数量灵活表达，只有在语境中才能掌握好手语。因此，《国家通用手语常用词表》从聋人表达手语的实际出发，一些手语词既有规范打法，又另加括号说明"可根据实际表示"。

例如表8-1的手语会话中出现的手语词"外"和"跟"。手语词"外"的国家通用手语的规范打法为"左手横立；右手伸食指，指尖朝下，在左手背外向下指"，又加括号说明"可根据实际表示外面的意思"（中华人民共和国教育部等，2018）；"跟"的国家通用手语的规范打法为"双手伸拇、小指，一前一后，同时向前移动"，也加括号说明"可根据实际表示跟的意思"（中华人民共和国教育部等，2018）。

那我们先看看表8-1中句（2）的"外"是如何根据实际表示的。具体见图8-1与表8-2：

我　　　　　爱人　　　　平-常①

平-常②　　　　是　　　　去国外①

去国外②　　　　游玩

图 8-1　句（2）手语示图

　　图 8-1 这句话的手语分析，包括手形、朝向、位置、动作，相应的表情、姿势，以及表达的意义，具体见表 8-2：

表 8-2　句（2）手语分析

汉语转写	手形	朝向	位置	动作	表情	姿势	表达的意义
我	右手伸食指微曲，全屈其余四指。	右手掌心向内，食指尖向内。	胸部	右手食指尖贴于胸部。	友好	身正	用右手食指指向自己，表达"我"。
爱人	双手伸拇指，全屈其余四指。	双手掌心向内，拇指尖向上。	胸部	双手置于胸前，拇指相对、同时弯动一下。	友好	身正	用双手拇指相对、同时弯动一下，表达"结婚"、"爱人"。

汉语转写	手形	朝向	位置	动作	表情	姿势	表达的意义
平常	①双手伸掌。②右手伸食、中指，全屈其余三指。	手形①双手掌心向下，左手指尖向右前，右手指尖向左前。手形②右手掌心向左前，食、中指尖向上。	胸部头部	手形①置于胸前，右手覆于左手上，再向右移动。手形②置于头右侧，食指侧轻点一下太阳穴。	友好	手形①头稍左倾手形②身正	用双手掌心向下置于胸前，右手覆于左手上，再向右移动，模拟平坦状，表达"平"。用右手伸食、中指置于头右侧，食指侧轻点一下太阳穴，表达"常常"。
是	右手食、中指相叠，全屈其余三指。	右手掌心向左下，食、中指尖向左上。	头部	右手食、中指相叠置于头前，向下微移一下。	友好	身正	用右手食、中指相叠置于头前，向下微移一下，表达肯定，即"是"。
去国外	①左手握拳；右手伸拇、小指，全屈其余三指。②左手伸掌微屈；右手伸食指微曲，全屈其余四指。	手形①左手掌心向右下，拇指在右；右手掌心向左后，拇食、指尖向左前。手形②左手掌心向下，指尖向右下；右手掌心向左前，食指尖向左前。	胸部头部	手形①左手握拳置于胸前，右手伸拇、小指置于左拳右上方；左拳向内转动，同时右手向左前方移动至左拳上方。手形②右手食指置于头前向身体外侧指二下，同时左手掌侧轻碰右手肘部二下。	友好	身正	用左手握拳置于胸前向内转动，模拟地球转动状，表达"地球"；右手伸拇、小指，模拟人的外形，表达"人"。用右手"人"向外沿着转动的地球"地球"移动至上方，表达"去国外"。用右手食指置于头前向身体外侧指二下，同时左手掌侧轻碰右手肘部二下，指示"国外"的方位。
游玩	左手伸掌稍屈；右手伸拇、小指，全屈其余三指。	左手掌心向下，指尖向下。右手，①掌心向上，拇、小指尖向前；右手，②掌心向内，拇、小指尖向左。	胸部	左手伸掌搭于右臂，右手伸拇、小指置于胸前，逆时针转动几圈，转动时朝向由①至②反复变化。	友好	身正	用右手伸拇、小指，模拟人的外形，表达"人"；"人"在胸前转动几圈，表达"游玩"。

如图 8-1 与表 8-2 所示：句（2）C 表达的是"我 / 爱人 / 平常 / 是 / 去国外 / 游玩"，这里"外"的打法，C 不是打"在左手背外向下指"的规范打法，而是根据语境，左手掌置于右手肘部，右手向 B 指示国外的方位

为远离自身的远方，"去国外"的手势都是趋向远离自身的方位移动，空间指示清晰，B 易于理解。

在表 8-1 中，手语词"跟"共出现了 4 次，我们来看看 B 与 C 又是如何根据实际表示的，具体见图 8-2 至图 8-5：

跟

图 8-2 句（3）"跟"
手语示图

跟

图 8-3 句（12）"跟"
手语示图

跟

图 8-4 句（9）"跟"
手语示图

跟

图 8-5 句（13）"跟"
手语示图

如图 8-2 至图 8-5 所示，句（3）、（12）中 B 与 C 的"跟"的用法接近《国家通用手语常用词表》的规范打法，其左手没有向前移动，仅右手向前移动，表达一人跟着另一人，泛指"跟"之意，应用时可不具体限定跟者与被跟者的数量；而句（9）、（13）中 B 与 C 的"跟"的用法根据实际语境产生了较大变化，句（9）中 C 右手打"二"，生动简洁地表达了夫妻二人跟团游之意，句（13）中 B 右手五指握拳后打开，生动简洁地表达了多人跟团游之意。

8.2.1.2 替换手语词创设新语境

掌握了表 8-1 的手语会话内容，再以此为基础，拓展学习同类的国家通用手语词进行替换，并根据替换手语词创设新的手语运用语境。我们仍以表 8-1 的句（2）为例，此句可以替换的手语词举例如表 8-3：

表 8-3　句（2）替换手语词举例

原句手语词	替换手语词
我	你、他、我们、你们、他们等
爱人	爸爸、妈妈、哥哥、姐姐、弟弟、妹妹、爷爷、奶奶等
平常	星期一至星期天、周末等
是	不是、喜欢、不喜欢等
去国外	美国、英国、北京、上海、广州等
游玩	看书、玩电脑、逛街、钓鱼等

学习了替换手语词，学习者可根据自身实际情况创设手语运用语境，使推广内容的记忆更为深刻。举几个简单的例子，如爸爸 / 妈妈 / 星期一 / 去 / 北京 / 游玩，我 / 周末 / 喜欢 / 玩电脑，爷爷 / 平常 / 是 / 去 / 钓鱼等。替换手语词，可以是教授者预先设计的；也可以是学习者根据汉语表达，请教授者即时翻译的；还可以是学习者自学《国家通用手语常用词表》的。随着学习者掌握的国家通用手语内容的丰富，需要学习的替换词将越来越少，但能创设的手语运用语境却越来越多。

8.2.2　推广形式营造语境

以往手语推广较多采用单向地教授手语词的形式，忽视与学习者的互动，及手语词在动态语境的准确运用。如今，人们的交流形式多样，国家通用手语的推广形式也能丰富多样，但不论哪种形式，教授者和学习者都需营造动态交流的手语语境。

8.2.2.1 传统推广形式

传统推广形式即现场推广，又称为线下推广。现场推广人数，不宜太多，如果会影响学习者看教授者的手语动作的讲解与示范，需要设置大屏幕放大教授者的手语动作。

这种推广形式，以往只是 1 位教授者在台上讲解、示范，所有学习者在台下模仿、学习，现在要实现动态语境中运用手语词，需做出改变，既有集体学习，又有小组学习。首先，集体学习中需1位教授者主讲，1至3位教授者配合营造动态的手语语境，边讲解边展示手语运用语境给学习者看；其次，需安排小组学习时间，学习者10位左右1组进行分组学习，学习时，每小组配1名教授者，进一步讲解和示范，并营造语境与小组成员进行互动；再次，还需安排学习者每2至4位再组成小小组创设语境，进行手语运用练习；最后，小小组创设的语境，可以在集体学习时上台展示，将使学习者获得学习成就感，并将手语推广的氛围推向高潮。

这一推广形式的优点为，教授者和学习者面对面进行交流，并创设生动的手语语境，易使学习者融入其中，受到感染。缺点为，易受推广的时间、场地和人数的限制。

8.2.2.2 现代推广形式

现代推广形式即互联网推广，又称为线上推广，包括以电脑端或手机端进行推广的手语在线课程、手语APP、手语公众号、微信群、QQ群等多种途径。

用互联网推广形式进行推广，以往较多通过电脑或手机端单向学习手语的教学视频，并多以手语词汇教学视频为主，无法营造动态的手语运用语境；现在要实现动态语境中运用手语词，教授者可以在线与学习者进行手语视频交流，视频交流可以是2至3人的实时视频通话交流，也可以是推广群里互相上传手语视频并结合汉语留言交流。

这一推广形式的优点为，可以使学习者不受限于特定的时间和场地，受众面广，学习内容还可反复、变速观看。缺点为，进行线上营造手语语境互动交流，清晰度会差一些，感染性也差一些；且很多学习者网络学习时分散在各处，身边往往没有人能与自己一起营造手语运用的动态语境，不容易发现自己手语动作的问题，也难以灵活运用国家通用手语。

所以，本文认为，国家通用手语的推广，应将现代的和传统的推广形式相结合，线上和线下相补充，即线上实时学习交流国家通用手语，线下感受氛围、灵活运用国家通用手语。

8.2.3 推广视频自然经典

手语最生动的记录方式是视频，单个的手语词可以用静态的图画和文字结合的方式记录，但手语表达的篇章，如会话、故事、新闻、诗歌等，以静态的图画结合文字记录会十分冗长，且难以记录完整。所以在推广国家通用手语时，需要经典的国家通用手语运用的视频供大家学习借鉴。每一种语言都有很多经典著作供世人学习，聋人手语作为一种视觉语言，因以往手势汉语表达的误区，及记录方式多以静态的图画和文字为主，经典的聋人手语自然表达的视频很少。国家通用手语的推广，需要制作国家通用手语运用的经典视频作为范例。

自然经典的推广视频需精心制作，其制作过程是一个较为浩大的工程，有几个需要注意的事项：

一是需要由优秀聋人、手语翻译、手语语言学家、导演、摄影师等组成的优秀制作团队，对视频内容与形式的统一、国家通用手语的恰当运用进行策划、研讨，并反复演练录制。

二是视频的手语示范者必须是优秀的手语表达者，这是推广视频制作的关键。优秀的手语表达者既包括优秀的聋人，也包括优秀的听人，他们的汉语水平与聋人自然手语水平均高。

三是推广视频一定不能制作成手势汉语视频，而是制作遵循聋人手语表达规律的经典的国家通用手语运用视频。

四是推广视频的体裁与题材均应多样，满足各类推广对象的需求。推广视频的体裁是可以包括所有手语体裁的，但目前国家通用手语推广适合的体裁为手语会话、手语剧、手语故事、手语新闻、手语诗歌等。推广视频的题材主要来自于聋人日常生活、公务活动、聋校教学、电视和网络媒体新闻节目、公共服务等。为减少手势汉语思维定势的影响，推广视频最好直接以手语沟通确定视频内容，但手语新闻和聋校课文等必须将汉语翻译为手语的，翻译时需注意以国家通用手语进行自然表达。

五是录制和剪辑要专业。首先，需专业的摄影设备多机位进行录制，保证每一个手语表达者的手语都能完整呈现。其次，需高清录制，保证手语表达者快速表达时录制的清晰度。再次，录制的背景颜色与服装颜色也很重要，最好为单纯的深色，因为花哨或浅色的背景与服装，会使手的动作不够清晰、突出。最后，需将多机位视频进行剪辑，应能清晰呈现每一个手语表达者的每一个手语动作，不能遗漏。

六是须配双行字幕。字幕一行为汉语转写，一行为汉语翻译，便于培训教学及自主学习。但学习者长期看字幕会过于依赖字幕，并分散看手语的注意力，不利于训练看手语的"眼力"。所以制作视频时最好采用外挂的字幕文档，学习者根据需要选择插入字幕或不插入字幕；视频制作如已合成字幕，学习者根据需要可以遮挡视频下方字幕。

如此精心制作的国家通用手语运用视频，可以成为国家通用手语的推广教学和自主学习中学习者反复观摩、变速学习的范例，帮助学习者学习国家通用手语的自然表达与其在不同语境里的不同用法，及不同用法所产生的不同表达效果。

8.2.4　推广师资严格选拔

国家通用手语的推广有了经典的手语视频范例，还需严格选拔推广师资开展推广培训。首先，参与选拔的推广师资必须是优秀的手语表达者，即汉语与聋人自然手语均好的聋人和听人。如果聋人的汉语水平有限或手语自然表达的水平不高，是难以胜任的；如果听人仅熟悉手势汉语的表达，不熟悉手语的自然表达，也是无法胜任的。所以，须是汉语与聋人自然手语均好的聋人和听人经过严格地培训才能胜任。其次，国家通用手语推广师资培训不能仅是几天的短期培训就结业认定具备推广教师的资质。培训可线上与线下结合，经过严格地考核，合格者方能获得推广教师的资质。合格的国家通用手语推广师资须熟练掌握国家通用手语词汇，能够在实际生活语境中灵活、合理地运用国家通用手语，并能灵活创设动态的国家通用手语运用语境。

8.2.5　推广对象各有侧重

国家通用手语的推广对象，主要为《国家通用手语常用词表》中规定的手语使用者，具体包括聋人、重听人、聋人家人、手语翻译、高校手语教师、高校手语学习者、聋教育工作者、残联工作者及其他服务于聋人的人员、手语爱好者等。

按照推广对象已有手语水平，可以分为三类：第一类为会聋人手语自然表达的；第二类为会手势汉语表达，但不会聋人手语自然表达的；第三类为不会手语的。这三类推广对象的手语基础差异很大，因此推广重点应有区别。

8.2.5.1 会聋人手语自然表达的

这类推广对象已经具备动态语境中运用聋人手语自然表达的能力，推广重点在掌握国家通用手语词汇的规范打法，以及如何在动态语境中进行合理地运用。这一群体经过培训，国家通用手语和汉语均优秀的可以入选为推广国家通用手语的师资。

8.2.5.2 会手势汉语表达，但几乎不会聋人手语自然表达的

这类推广对象手语词汇的基础好，并有与聋人交流的经验，但如前文所述，他们受以往推广手势汉语的影响很深，手势汉语的思维定势会成为他们学习国家通用手语自然表达的阻碍，推广时需要努力克服这一思维定势。因此，他们的推广重点，一方面将《国家通用手语常用词表》与《中国手语》（修订版）进行比较，找出打法不同的手语词；另一方面将国家通用手语词在动态的手语语境中进行运用，直到能够举一反三，融会贯通。

8.2.5.3 不会手语的

这类推广对象虽然没有手语基础，但因没有受过手势汉语思维定势的影响，直接接触手语的自然表达，他们将更容易掌握好国家通用手语的自然表达规律。这一群体的推广重点为，在动态的手语语境中学习相关国家通用手语词及其替换词，并以此创设新语境，拓展学习内容。

国家通用手语的推广，授之以鱼不如授之以渔，应使推广对象掌握自主学习的方法，能够课外持续自主学习，同时参与线上与线下的国家通用手语学习交流活动。

综上所述，手语是聋人群体在交流中使用的独特的视觉语言，国家通用手语的推广，不能推广聋人看不明白的手势汉语，也不能仅仅推广国家通用手语词汇，应从语用学视角，从国家通用手语词及其运用出发，营造动态的手语语境，在国家通用手语词的运用中领会、巩固手语词，边学边用。具体而言，即推广内容依托语境，不断拓展；推广形式营造语境，丰富生动；推广视频自然经典，精心制作；推广师资严格选拔，善用语境；推广对象分类教学，各有侧重。

参考文献

语用学视角下的聋人手语研究

参考文献

語用学視角下的聾人手語研究

[1] Clayton Valli，Ceil Lucas.Linguistics of American sign language-An Introduction［M］.Washington, DC：Gallaudet University Press，2000

[2] Rachel Sutton-Spence，Bencie Woll.The Linguistics Of British Sign Language：An Introduction［M］. New York：Cambridge University Press，1999

[3] Trevor Johnston，Adam Schembri. Australian Sign Language-An introduction to sign language linguistics［M］.New York：Cambridge University Press，2007

[4] 何自然，冉永平.新编语用学概论［M］.北京:北京大学出版社，2009

[5] 何自然.语用学与英语学习［M］.上海：上海外语教育出版社，1997

[6] 姜望琪.当代语用学［M］.北京：北京大学出版社，2003

[7] 教育部师范教育司.手语基础［M］.北京：人民教育出版社，2000

[8] 梁燕华.语用与言语交际［M］.杭州：浙江大学出版社.2013

[9] 冉永平.语用学：现象与分析［M］.北京：北京大学出版社，2006

[10] 索振羽.语用学教程［M］.北京：北京大学出版社，2000

[11] 魏在江.语用预设的认知语用研究［M］.上海：上海外语教育出版社，2014

［12］吴铃.中国聋人手语500例［M］.南昌：江西高校出版社，2015

［13］郑璇.手语基础教程［M］.上海：华东师范大学出版社，2015

［14］中国残疾人联合会教育就业部，中国聋人协会.中国手语（修订版）［M］.北京：华夏出版社，2003

［15］中国残疾人联合会教育就业部，中国聋人协会.中国手语日常会话［M］.北京：华夏出版社，2006

［16］邓慧兰.聋童语言获得与手语双语共融教育：语言科学研究之知识转移［J］.语言科学，2014（1）

［17］邓慧兰.手语语言学势在腾飞——特邀编审的话［J］.当代语言学，2011（2）

［18］第二次全国残疾人抽样调查残疾标准［J］.中国残疾人，2006（5）

［19］龚群虎.聋教育中手语和汉语问题的语言学分析［J］.中国特殊教育，2009（3）

［20］顾定倩，刘扬，冬雪，王娇艳.关于中国手语推广与研究情况的调查分析［J］.中国特殊教育，2005（4）

［21］顾定倩.我国通用手语的发展沿革（三）［J］.现代特殊教育，2017（5）

［22］刘艳虹，顾定倩，程黎，魏丹.我国手语使用状况的调查研究［J］.语言文字应用，2013（2）

［23］刘永萍，林倩.聋人手语的语言学阐释［J］.科技信息，2010（2）

［24］冉美华.手语新闻收视的调查与思考［J］.中国残疾人，1998（9）

［25］荣维东.真语文大讨论及其语用学转向［J］.语文建设，2015（4）

［26］魏丹，顾定倩.《国家通用手语方案》的研制与试用［J］.语言规划学研究，2017（1）

［27］文旭，熊荣敏.参照点与空间指示［J］.外语学刊，2010（1）

［28］董鲁皖龙.我国手语和盲文规范化工作迎来新里程碑：手语有了"普通话"盲文有了"规范字"［N］.中国教育报，2018-5-22（3）

［29］中华人民共和国教育部，国家语言文字工作委员会，中国残疾人联合会.国家通用手语常用词表［S］.北京：华夏出版社，2018